SUP ERC ELL

超级细胞美学

[芬]超级细胞（Supercell） 著

陆耔仰 译

人 民 邮 电 出 版 社
北 京

图书在版编目（CIP）数据

超级细胞美学 / 芬兰超级细胞著；陆籽仰译. --
北京：人民邮电出版社，2023.2
ISBN 978-7-115-59988-9

Ⅰ. ①超… Ⅱ. ①芬… ②陆… Ⅲ. ①网络游戏—介
绍—芬兰 Ⅳ. ①G898.3

中国版本图书馆CIP数据核字(2022)第205861号

内 容 提 要

这是一本 Supercell 游戏画集，包含大量的游戏作品和评论，展示了 Supercell 游戏的开发过程。

本书收录了十年来 Supercell 公司发布过的游戏，从《卡通农场》到《部落冲突》，从《海岛奇兵》到《部落冲突：皇室战争》。本书将带领读者了解这些游戏从开发到成熟的各个方面。此外，本书还对未发布过的游戏进行了介绍，并提供了 Supercell 制作团队的评论。

本书适合 Supercell 游戏爱好者阅读并收藏。无论是用来回顾玩过的游戏，还是用来了解游戏中未知的细节，本书都是不错的选择。

◆ 著　　　　[芬]超级细胞（Supercell）
　　译　　　陆籽仰
　　责任编辑　李 东
　　责任印制　马振武
◆ 人民邮电出版社出版发行　　北京市丰台区成寿寺路 11 号
　　邮编　100164　电子邮件　315@ptpress.com.cn
　　网址　https://www.ptpress.com.cn
　　北京九天鸿程印刷有限责任公司印刷
◆ 开本：889×1194　1/16
　　印张：13　　　　　　　　　　2023 年 2 月第 1 版
　　字数：204 千字　　　　　　　2024 年 10 月北京第 4 次印刷
　　著作权合同登记号　图字：01-2022-1186 号

定价：139.00 元

读者服务热线：(010)81055410　印装质量热线：(010)81055316
反盗版热线：(010)81055315
广告经营许可证：京东市监广登字 20170147 号

SUPERCELL

目 录

导言

2010年5月14日，一群不满足于制作普通游戏的人成立了Supercell，并致力于为杰出的游戏制作者提供平台，以打造出优质的游戏。

正如Supercell自身总结的一样，要达成这样的目标，就要为独立的小型创作团队提供自由的创作空间。

转眼十年过去了，Supercell斩获了不小的成就：5部在全球范围内发行的游戏和数以亿计的活跃用户。《卡通农场》（*Hay Day*）中收集的鸡蛋，《部落冲突》（*Clash of Clans*）中训练出的野蛮人，《海岛奇兵》（*Boom Beach*）中被征服的沙滩，《部落冲突：皇室战争》（*Clash Royale*）中被推倒的塔楼，以及《荒野乱斗》（*Brawl Stars*）中被夺取的宝石都已经多得数不清了。与此同时，还有许多游戏开发项目被公司终止。

公司各团队以打造出经典、耐玩的游戏为目标，携手共进，为玩家带来精彩的游戏体验。

为庆祝Supercell成立10周年，我们特意编写了本书。您手中的这本书并非一本游戏作品大合集，也非一本佳作精选集，而是一本带领读者领略这些游戏作品的制作过程和艺术风格的书。

在此，我们想对所有Supercell的玩家和粉丝说声"kiitos"，即芬兰语"谢谢"，感谢你们成就了今天的Supercell。

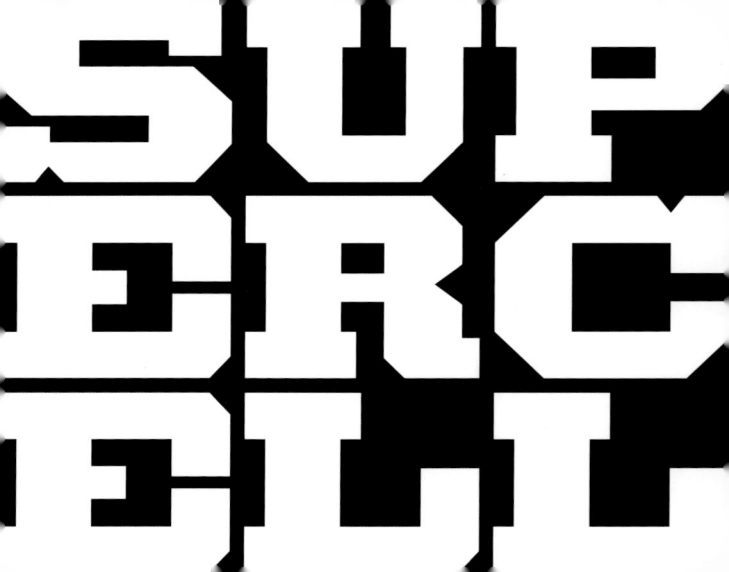

2019年8月
Rush Wars

2017年6月
荒野乱斗

2016年1月
部落冲突：皇室战争

2015年3月
Smash Land

2014年11月
Spooky Pop

2013年11月
海岛奇兵

2012年6月
部落冲突

2012年5月
卡通农场

2012年3月
Battle Buddies

2012年1月
Pets vs. Orcs

GUNSHINE·NET
2011年2月
Gunshine.net

没有官方中文版的游戏保留了原英文名。——译者注

卡通农场

2011年11月，以桌面游戏起家的Supercell迅速调转枪头，将注意力转向移动游戏开发，公司内部的某个小团队展开头脑风暴，构思游戏的开发方向。他们想制作一款能受到大部分人喜爱，并且在移动平台上前所未见的游戏。这时，农场题材成了首选。"我们想制作出能让自己满意并喜爱的游戏。团队里大部分人都接触过园艺和农场，我们觉得经营农场本身就是个很好玩的游戏，有现成的核心循环任务，而且代入感很强。" [1]于是，打造一款深受玩家欢迎的移动端触屏游戏就成了推动制作团队进行设计的准则。

农场里当然要有动物。"第一步是设计动物的性格。猪负责搞笑。牛要傲慢无礼。鸡则越傻越好，只要可爱就行。"在游戏风格上，制作团队有意避开了可爱风的设计，因为"单纯的可爱就是单纯的无趣"。画风可爱而古怪，甚至有人觉得丑的《超级无敌掌门狗》（Wallace & Gromit）成了制作团队的设计参考。他们创作出的第一个动物是鸡，草图由某位美工人员在颠簸的长途公交旅途中绘制而成。《卡通农场》里的世界一派祥和，农场里的动物当然不会遭受厄运。最初，制作团队设计了一台叫"培根制造机2000"（Baconator 2000）的机器——这台机器的造型就是个活脱脱的抽脂机——用来获取培根。经过一段时间的思考后，制作团队认为这个设计太残忍了，于是更有亲切感的"猪猪桑拿房"诞生了。

随着时间的流逝，制作团队也经历了换血，新成员接手游戏后对其进行了改进——这是所有 Supercell 游戏的必经过程。《卡通农场》一直保持着贴近现实世界的特色，灵活地加入了新的动物、装饰物、扩展内容和游戏模式。在游戏最初的几个版本中，农场里有个叫作"油漆小屋"（Paint Shack）的建筑，上方浮动着"即将解锁"的字样。允许玩家设计农场的想法在实施过程中遭遇了重重阻碍，直到"油漆小屋"无声无息地消失了，这个想法也没有实现。但设计思路永远不会消亡。时间快进到 2018 年，在最受欢迎的几个游戏的更新版本中，玩家已经拥有了一套完整的自定义系统，可以在建设者玛吉的帮助下设计农场。

---

① 本书所有引述均来自Supercell团队成员。

动物

动物大概是《卡通农场》的灵魂了。"刚开始的时候我们得一直想着这些图像。用 Flash 把它们拼出来再制作成动画,这对我们来说是一个不小的挑战。我们也考虑过让玩家自己编辑动物的皮肤,但这个想法一直都没能得到落实。"

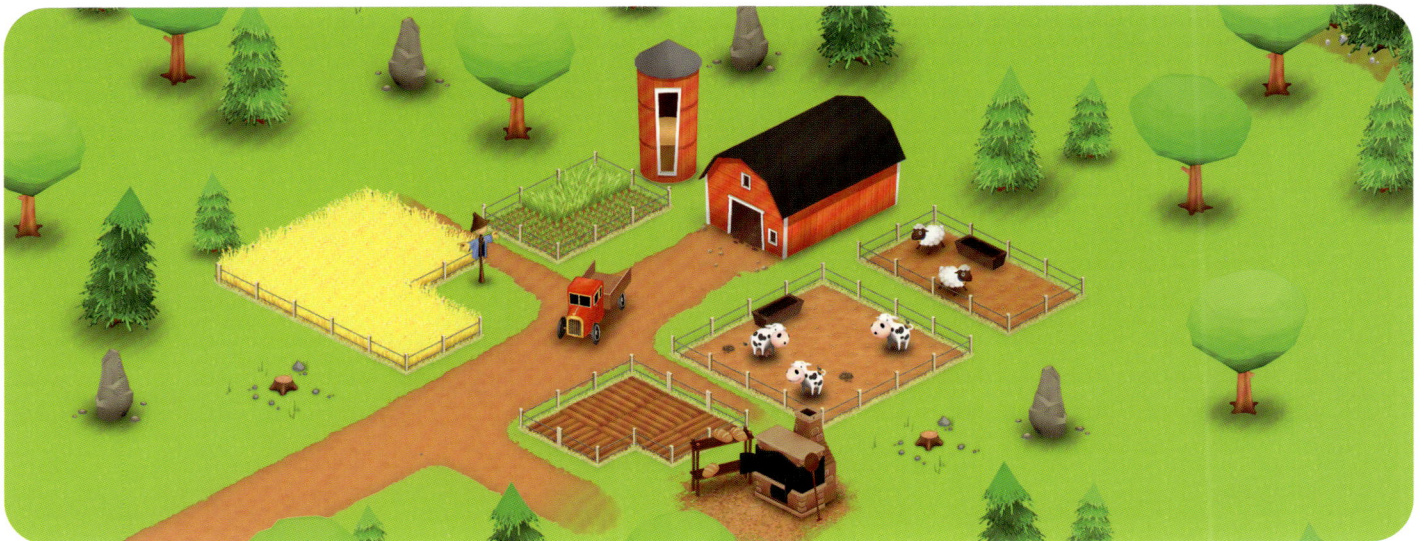

宠物

Supercell 为一篇社交媒体推文创作了这只梦幻般的宠物。"我们在推文中宣布新推出的马匹是一只独角兽。不过，这条推文是在愚人节那天发的，所以很遗憾，游戏中是找不到这只独角兽的。"

人物

制作团队在临近游戏交付时才把人类角色添加到游戏中。这些农场游客不仅为游戏带来了新的活力，还让玩家多了一条产品销售渠道。格雷格、迈克和玛丽是最早的几位游客。据说，格雷格是以团队中某位美术人员为原型设计出来的。

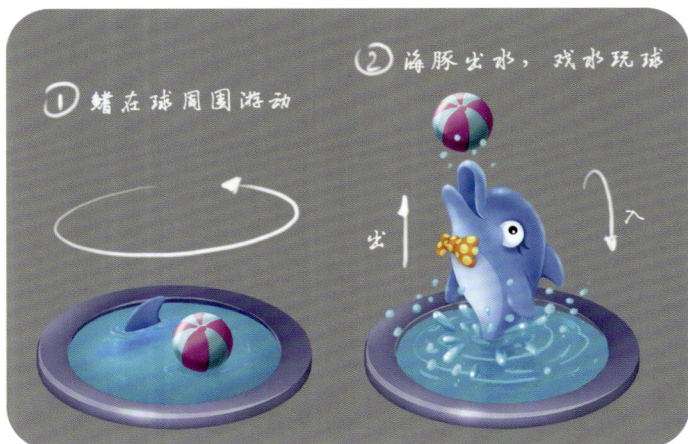

① 鳍在球周围游动
② 海豚出水，戏水玩球
出↑ ↓入

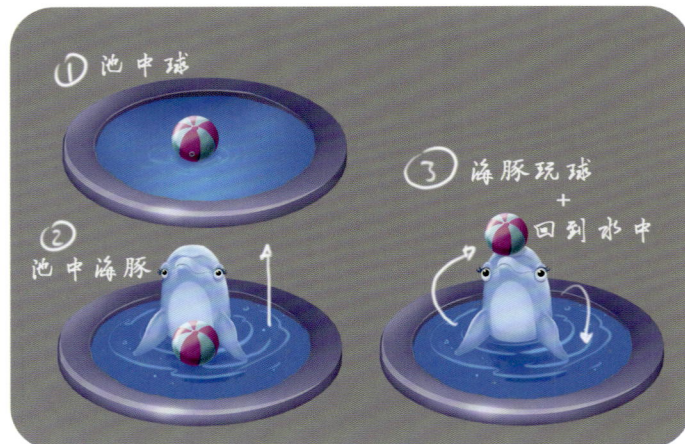

① 池中球
② 池中海豚
③ 海豚玩球 + 回到水中

马戏团

制作团队在度假结束后决定对某功能做出调整。"我们的服务器工程师问了我们一个看起来很简单的设计问题,结果我们发现整个功能都行不通。这对我们来说简直是毁灭性的打击。"

野生动物保护区

"我们都很喜欢团队为那些没保留到游戏最终版本中的马戏团火车制作的动物。怎样才能把它们分享给玩家呢？最开始我们想设计一个动物园，但感觉不太对，所以就设计了野生动物保护区！"

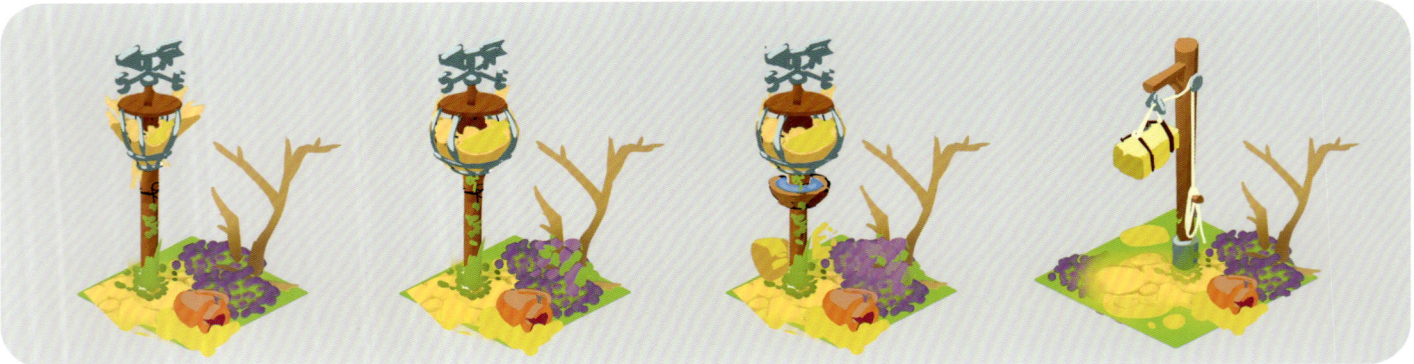

玩家可以布置自己的野生动物保护区，并邀请游客参观其中的动物，包括河马、长颈鹿、大象，以及它们可爱的幼崽。

德比

在制作团队的某次会议中，有人在思索的过程中不小心脱口而出："要是有个玩法能让玩家利用农场里累积的东西达成更大的目标就好了。"我们就这样自然而然地设计出了现在的德比竞赛玩法！

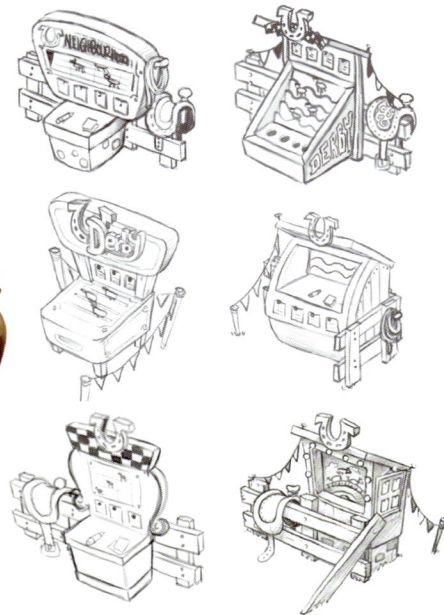

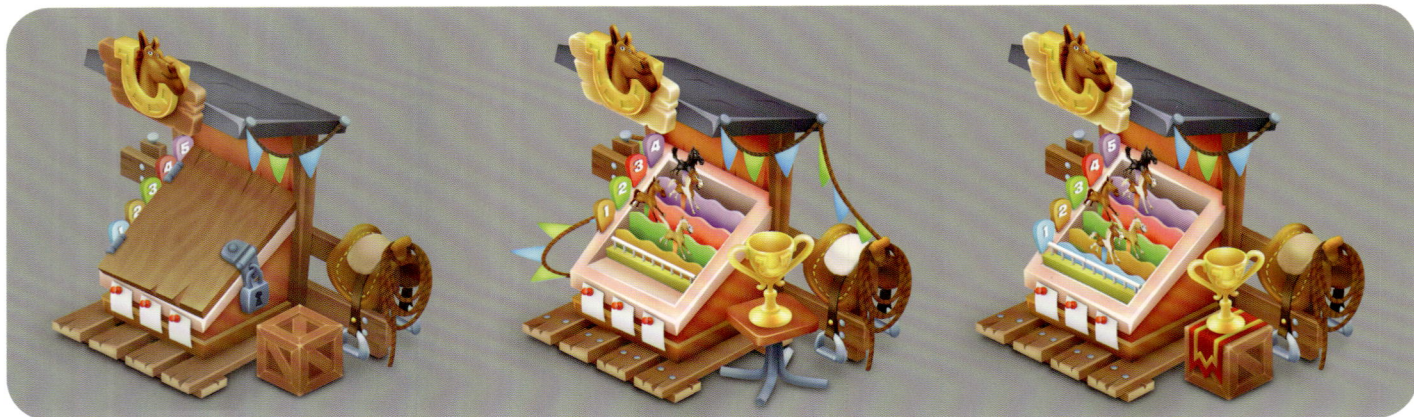

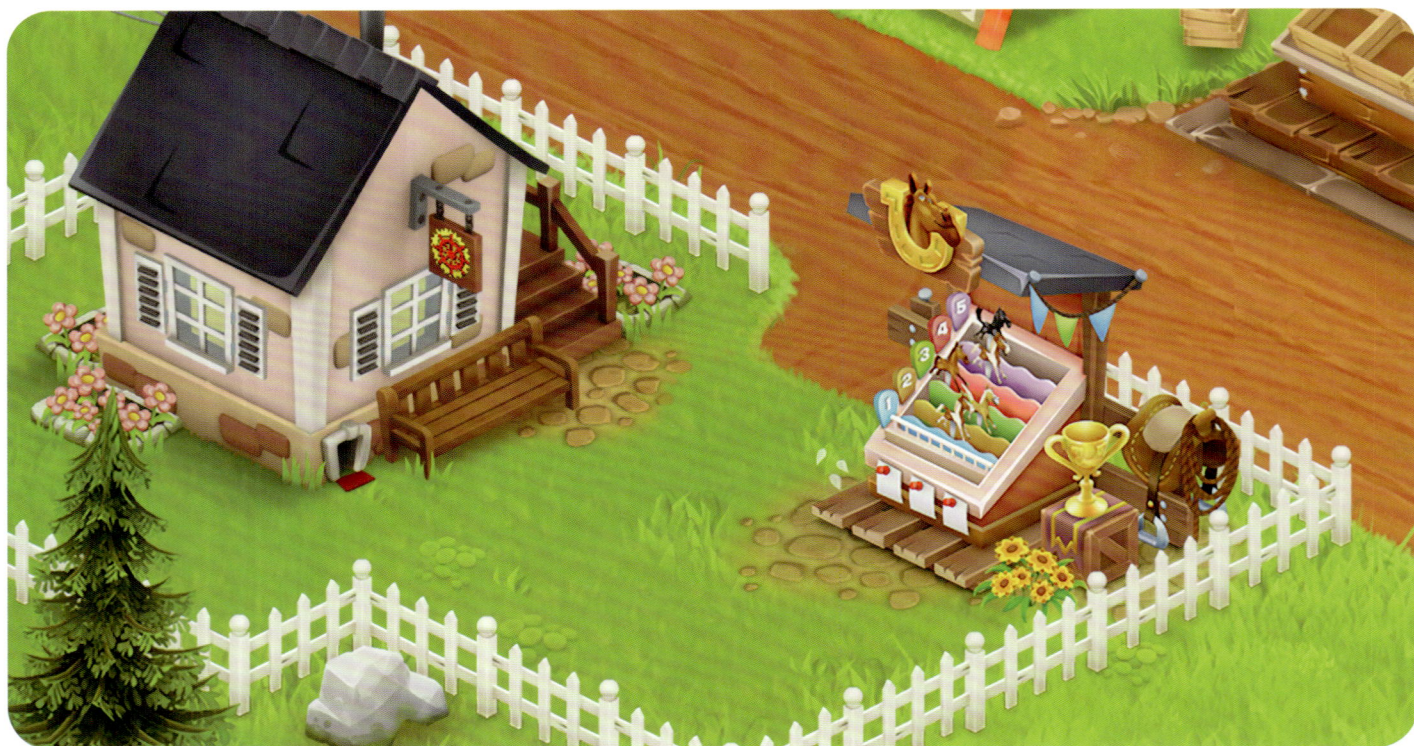

建筑

"建筑和装饰物的不同之处在于玩家无法将生产建筑移动到仓库中。在设计建筑时，我们要留意建筑所需的空间，以及现有建筑是否已经满足了这个建筑的生产功能。"

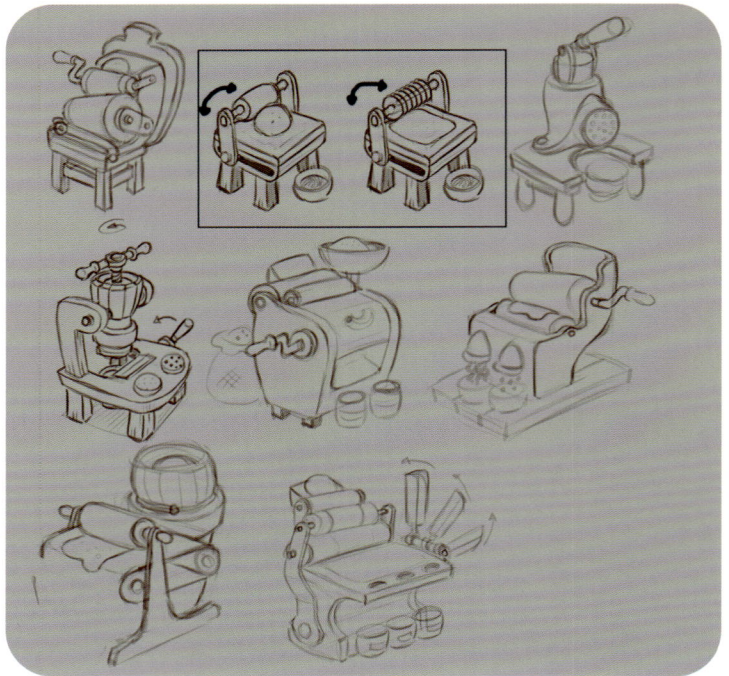

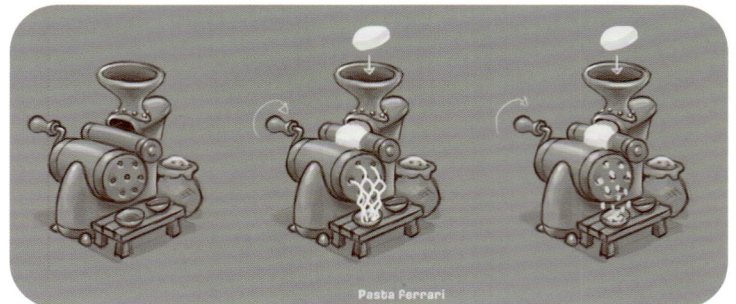

Pasta Ferrari

"创建生产建筑是很有意思的一件事，因为这样就不需要动用人力来干活了。人力可以被机器取代，但机器生产不能显得过于机械化。这个过程应该是舒适、有趣，且有人情味的。"

"我们制作过 3D 建筑物，但自动化导致建筑损失了那种粗糙的手工质感，再加上最后的抛光层无法适配 3D 工作流程，所以我们最终放弃了这个想法。"

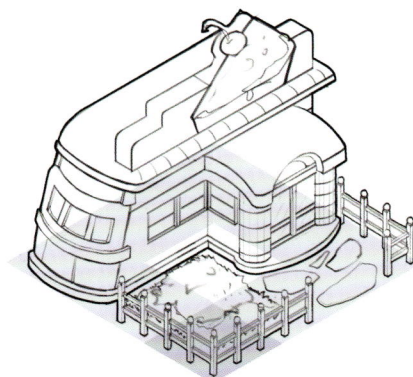

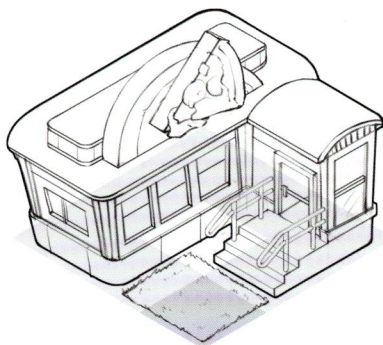

"我们试过用自动化的方法来处理手工绘制的设计图，尤其是纹理部分，因为这样可以加快进度。但是在制作过程中，我们发现用自动化的方式做出来的东西看起来过于规整了。"

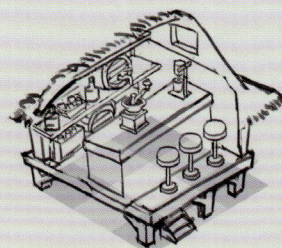

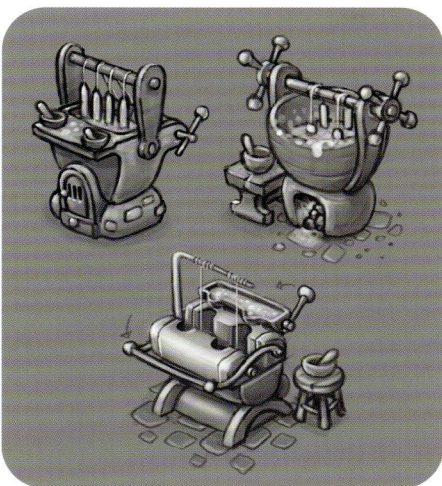

钓鱼区

钓鱼区是《卡通农场》中的第一个扩建区域。比起简单地扩大农场地图，制作团队将玩家带到了一个完全不同的地方。"当然，钓鱼区给人的感觉很直观。我们想在塑造游戏世界时添加一些新元素，同时为玩家带来一些新鲜感。"

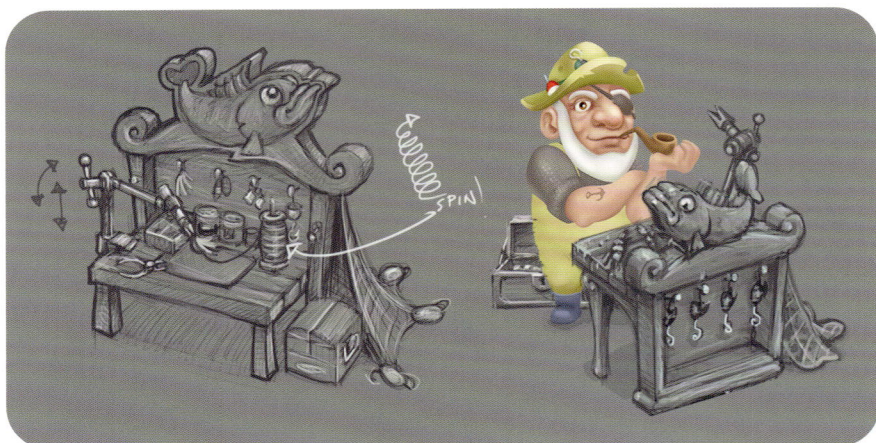

渔夫

斑点鲈鱼？

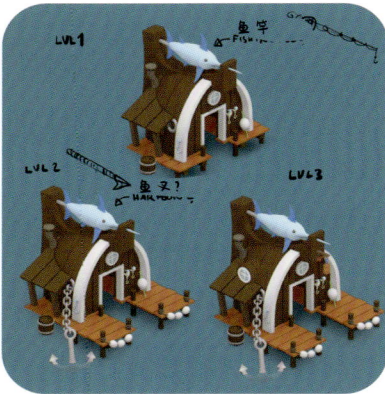

"设计钓鱼区是我加入 Supercell 后参与的第一项任务。作为一名《星球大战》（*Star Wars*）的粉丝，我在沼泽中设计了一个木制的 X 翼战机。这个设计没被保留到游戏的最终版本中也很合理。"

游戏中的渔夫可不只是个普通的怪老头，他其实是将农场传给玩家的那个叔叔的兄弟。

没人知道原来的农场主长什么样。有人说捕鱼手册背面照片上的人就是他。

蓝鳃鱼
重量：0.6磅
栖息地：芦苇丛
最佳诱饵：

蓝鳃鱼
重量：2.0磅
栖息地：芦苇丛
最佳诱饵：

My Fishing scrapbook

说不定哪天叔叔就会乘着热气球出现，把他在旅途中收集到的礼物送给我们！

36

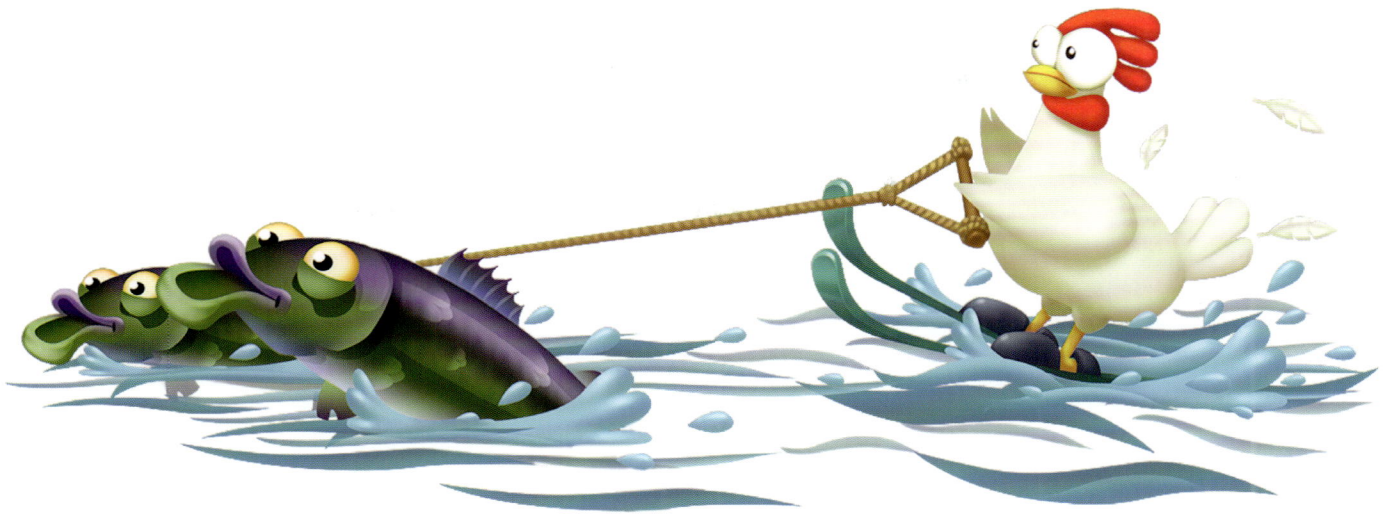

"我们决定添加鸭子的时候，只是觉得它们应该在水里待着，只要搞明白怎么薅它们的羽毛就行。"

38

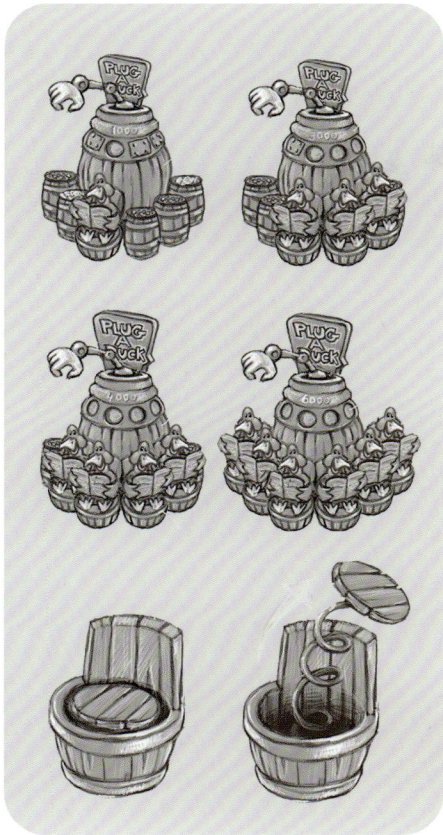

在《卡通农场》的世界中，不会有任何动物会受到伤害。一切看起来既真实又不真实——"猪猪桑拿房"就是个例子。"要用有趣味的方式来解决这个问题。对鸭子来说，我们想到的点子是小鸭沙龙。"

装饰物

玩家可以用装饰物来设计自己的农场。"构思新装饰物一直是个很有意思的挑战，特别是在已经有如此多装饰物的情况下。我们的方法是围绕某个主题制作场景。对装饰物来说，可以选择那些农场里不常见的东西，但要适度，不能太脱离现实。"

"我最喜欢《卡通农场》中的什么？当然是装饰物了。这毫无疑问。"

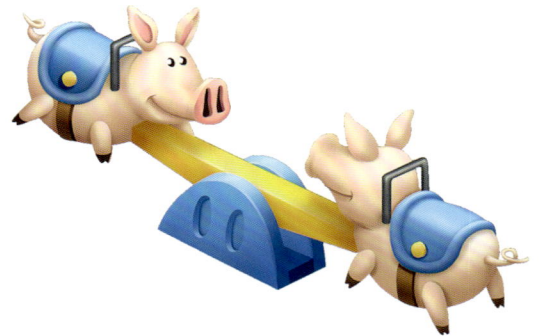

"从我加入团队到现在，许多事情都变了。我刚来的时候游戏中连一台拖拉机都没有。要知道这可是一款农场游戏！而现在游戏中可选的物品太多了。"

部落冲突

2011年底，工作室正在开发各种以 *Gunshine.net* [①]为原型的游戏，包括一款以某个小女孩为主角的类RPG游戏，一款关于一个小男孩和一只巨型水獭共同保护自然的童话风游戏，一款蒸汽朋克风的寻宝游戏等。其中一个率领小型部队攻打对手营地的项目开发出了可供全公司体验的样本游戏。《部落冲突》初见端倪。

"魔法"（Magic）是该项目的代号。制作团队的目标是开发一款融合建造及对战元素，非暴力主题，可供亲子同乐的游戏。诙谐幽默、天马行空、亲切感和乐趣是这款游戏的关键词。游戏中的所有要素都要有其存在的意义。"所有设计都要有意义，不能为了完成任务而设计，这样做会让游戏变得空洞。"

《部落冲突》从电子游戏及流行文化中汲取创作灵感，同时效法传统。其中，任天堂公司开发的游戏就给游戏的创作者带来了巨大的启发。例如，《部落冲突》中圣水的颜色和任天堂开发的《超级银河战士》（*Super Metroid*）中能量的颜色一模一样。

制作团队想寻求一种能为大众所接受的艺术风格，这种风格既要有欢乐的童趣，也要有丰富的细节，并且要以亲切、简单、奇异、有趣为主导。同时，团队也希望游戏人物能有统一且利于后续宣传的艺术风格，即惹人喜爱，有辨识度，与众不同。

在创作初期，制作团队曾受乐高人物的启发产生了一些创作思路，但由于风格过于儿童化，难以让成年人产生共鸣。新的比例、大小、细节等经历了多次迭代。经过好几个月及好几位员工的努力，才终于摸索出了合适的细节和尺寸，以及理想的风格。而玩家也将迎来包括野蛮人在内的一众《部落冲突》中的游戏人物。

---

①关于 *Gunshine.net*，参见第182页。

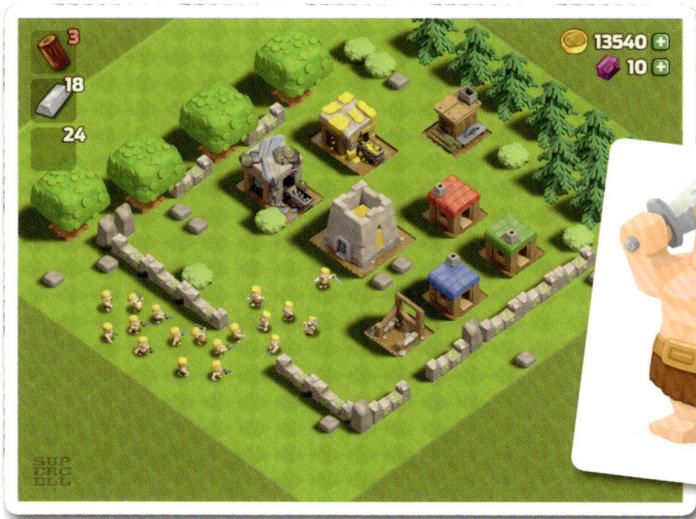

开发初期

尽管集合了哥布林、法师、药水等元素，但相比传统的奇幻游戏，《部落冲突》还是更注重趣味性。这是制作团队在开发初期做出的重要决定，也是后续进行市场推广时的立足点，并且在系列动画 Clash-A-Rama 中也有所体现。

随着游戏上线日期的临近，制作团队需要敲定游戏的名字，备选项包括"Brute Force"（蛮荒之力），"Tough Nuggets"（硬汉之争）等。团队最终选择了"Clash of Clans"（部落冲突）这个让人眼前一亮的名字。这个名字也预示着两年后部落对战玩法的推出。

人物

《部落冲突》中的人物长相虽然古怪，却亲切讨喜，而游戏中的世界则广阔而略带躁动感，既似曾相识，又与众不同；既富有蛮荒气息，又使人感到轻松愉快。

在 *Gunshine.net* 之后，Supercell 制作的某个游戏的原型设计中，主角是一名以侠盗罗宾为原型的少女，这个女孩最后成了弓箭手的原型。"表面上她是一个留着刘海的青涩女孩，但实际上她是一位强大且足智多谋的勇者。"

"巨人最开始是全蓝的。"

"我们想创造出看起来像玩具或手办的人物。这样做不是为了卖玩具，只是希望人物能有这种质感——既有简单的比例，也有我们所追求的细节。"

野猪骑士的造型明显模仿了留着莫西干发型的演员"T先生"及《小猪宝贝》中的小猪"猪宝贝"。

为了和普通飞龙的长方形鳞片区别开，雷电飞龙的设计特意使用了三角形鳞片。发动攻击前，雷电飞龙背上的刺会像《部落冲突：皇室战争》中的特斯拉电磁塔一样发光。

邮
电

人物的头部大小很重要。身体占比越小，人物看起来就越可爱。《部落冲突》中大部分人物的头身比都在 1:3.5 左右。

英雄

2013年1月，英雄兵种在游戏中上线。与其他兵种不同的是，英雄兵种不会在战斗中死亡，受伤了，睡个觉就能好。弓箭女王和野蛮人之王是最早加入的角色，拥有比普通弓箭手和野蛮人更魁梧的身材和更强的能力。

第三位英雄是原创的，而非基于其他角色制作而成。大守护者属于古代长老类型的英雄。在加入游戏一段时间后，大守护者迎来了形象上的大改造：头上的鹿角没了，换来了更浓密的胡须。

在制作游戏的第四位英雄时，制作团队想将其设计为一位像神奇女侠似的人物，或者是一位具有亚马孙风格的人物。该角色最早的定位是瓦基丽女皇，但在开发过程中逐渐演化出了其独特的风格。虽然该角色在《部落冲突：皇室战争》中的蛮羊骑士之前就设计完成了，但其发布时间延迟了。玩家需要将大本营升级至 13 级才能见到这位穿着略微厚重的飞盾的战神。

皮肤

在将令牌系统加入游戏的同时,制作团队还加入了另一个非常有意思的新元素,那就是皮肤。第一套皮肤是角斗士风格的,而加入游戏7周年的法师则彻底被欧陆舞曲风的服饰所征服了。

"大力士是我们专门为部落竞赛设计的角色，灵感来源于世纪之交时身着紧身衣的大力士，不过我们加入了一些苏格兰风格的反转元素。"

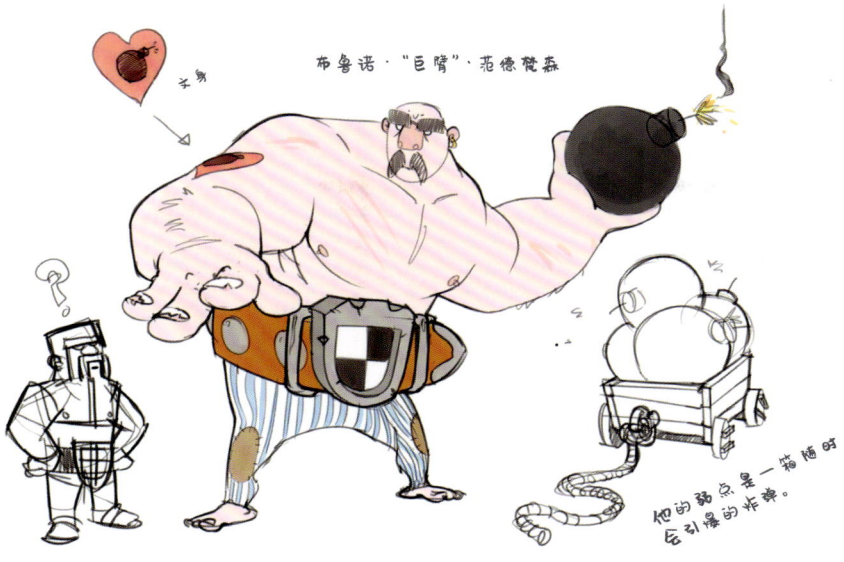

布鲁语·"巨臂"·范德梵森

文身

他的弱点是一箱随时会引爆的炸弹。

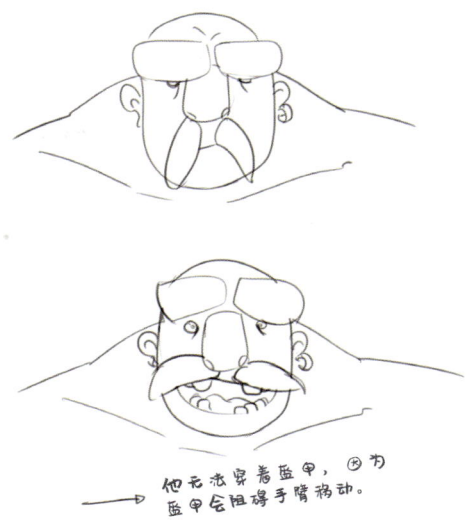

他无法穿着盔甲，因为盔甲会阻碍手臂移动。

刀刃

嘴里有炸弹

三八兄弟矮

移动迫击炮小队

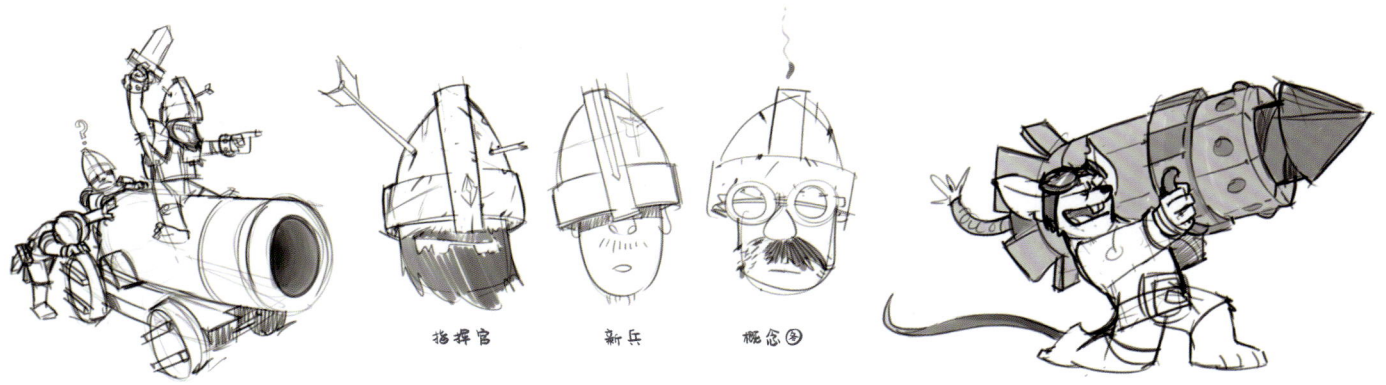

指挥官　　新兵　　概念图

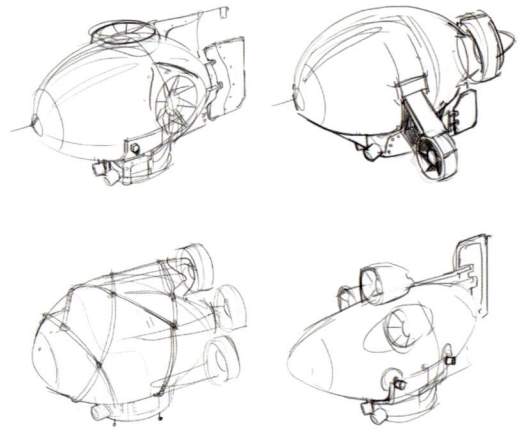

《部落冲突》中的许多东西都可以用钝角、块状、焊接在一起、有点时髦来形容，尤其是其中的机械部分。这些机械也许不符合技术原理，但能让人想象出它们的制造过程。

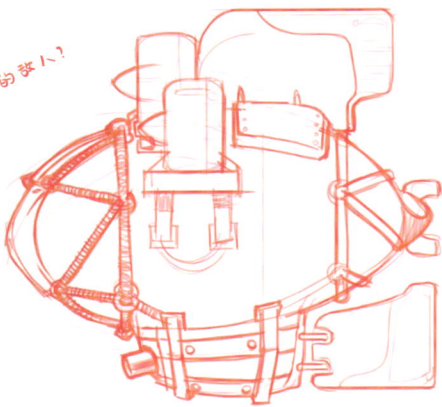

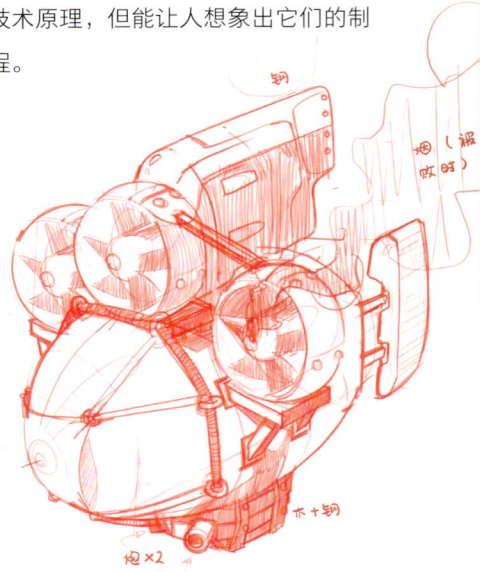

场景

对于《部落冲突》中的建筑部分，制作团队设计了棋盘状的地面网格。该设计决定了游戏中场景的艺术风格。"我们从任天堂的早期设计风格中汲取灵感，采用 3D 手段，加入方块而非瓦片，创作时想象着将建筑放到玻璃块中的样子。"

隐藏特斯拉电磁塔
的机关、防御机制
的手绘草图。

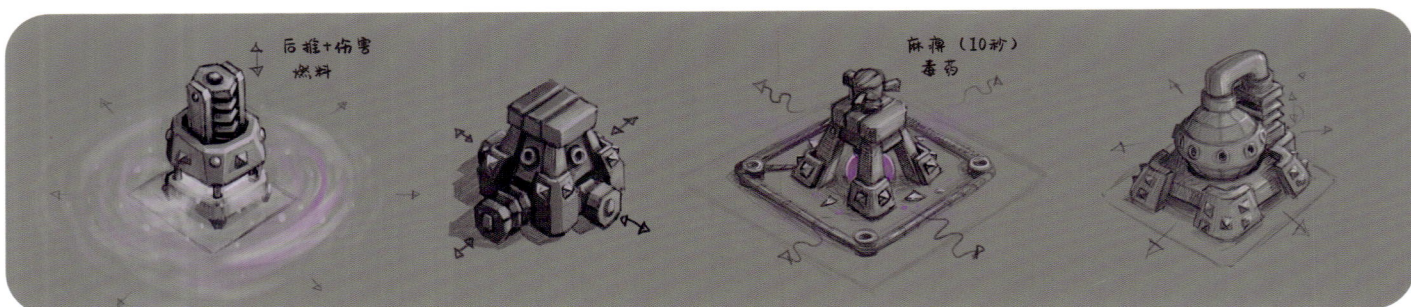

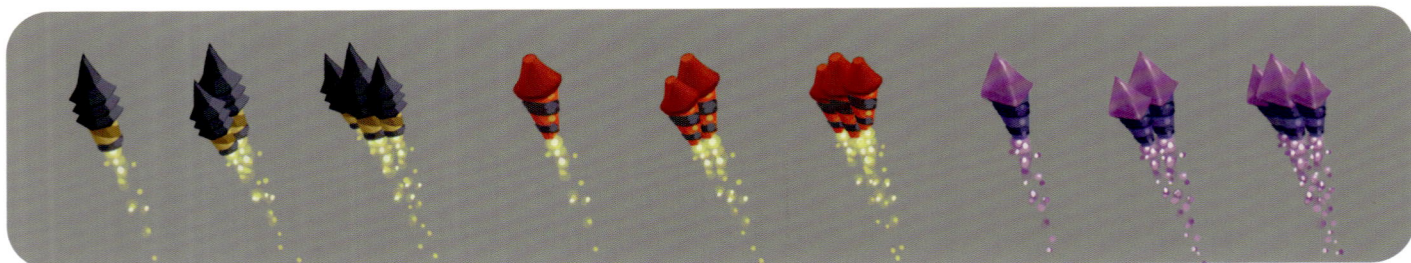

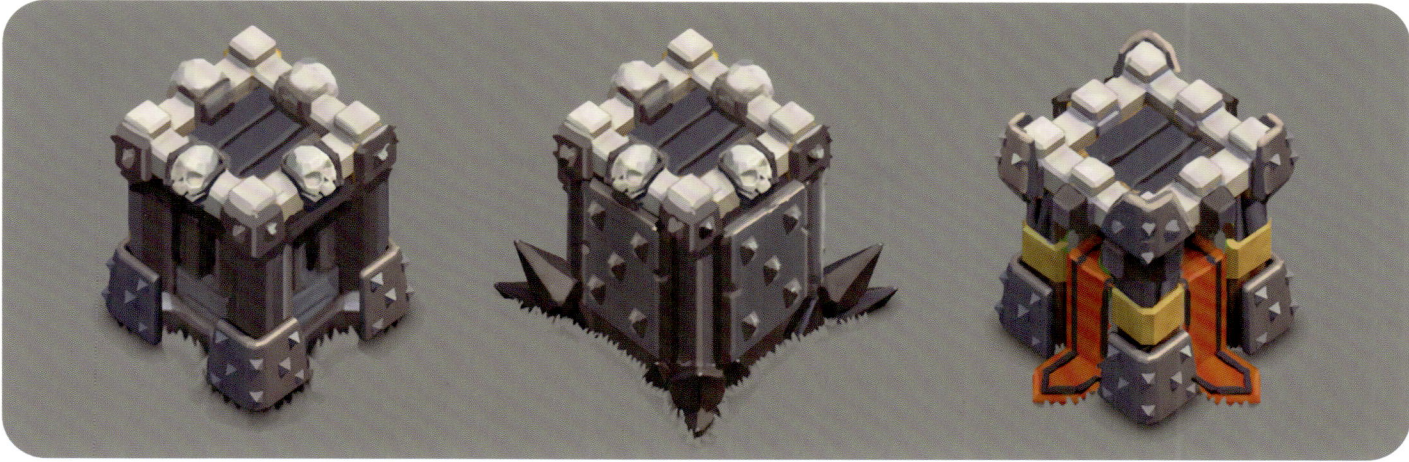

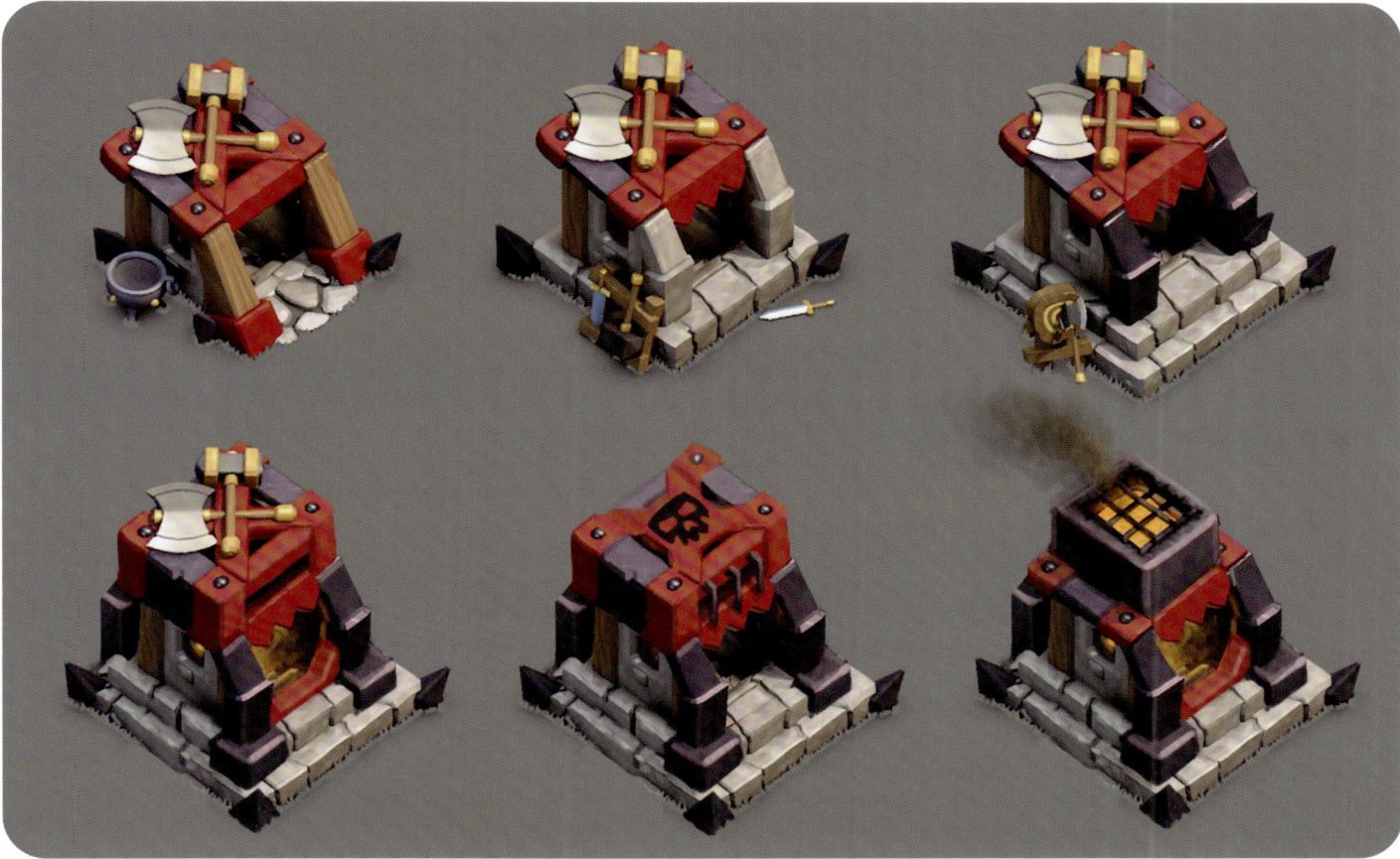

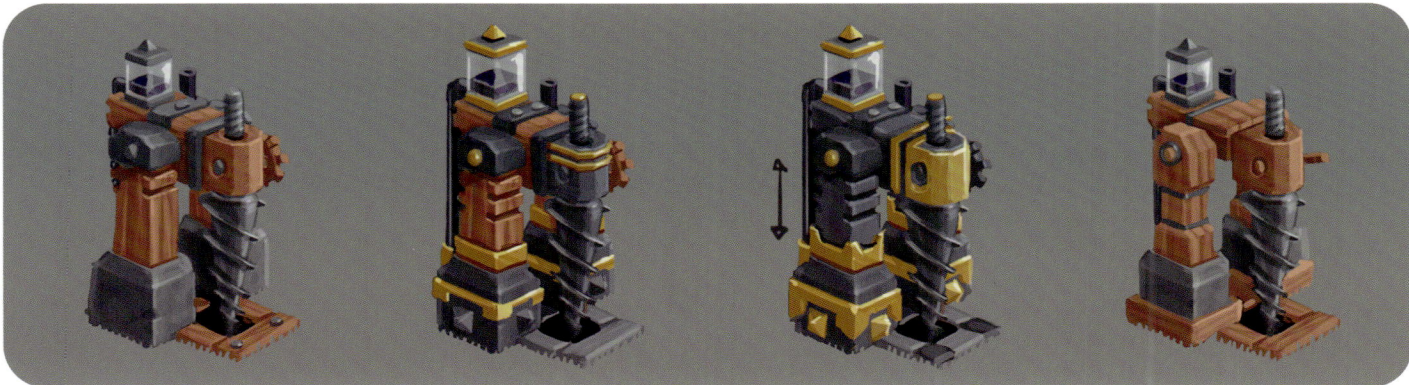

海岛奇兵

2012年秋，在《卡通农场》和《部落冲突》推出不久后，一张PPT幻灯片出现了，上面写着："游戏机制：点击海滩，船只靠岸，士兵登陆。"这张幻灯片展示的就是《海岛奇兵》最早的雏形。"我们想看看有什么可以与建造战斗类游戏相融的新点子。"

打造一个新IP需要在画面及游戏世界的构建上大量投入。"新的尝试总会带来意想不到的问题。"制作团队将地图、完整流畅的PvP（玩家对战玩家）和PvE（玩家对战环境）游戏模式，以及即时战略游戏中的控制系统加入对战机制中。

群岛场景在游戏开发初期的时候就确定下来了，该设计满足了制作团队打造正能量游戏场景的愿望。"我们想让玩家乐于回到游戏中。想做到这一点，关键是要设计出吸引玩家眼球的岛屿和基地。"重中之重是设计一个让人身心舒畅，并且在视觉上富有吸引力的海洋，帮助玩家放松。群岛场景也为玩家提供了探索空间。"云朵下的秘密引人遐想，那种感觉让人莫名兴奋。"

"暗礁"（Reef）是该项目的代号。最初的游戏主题受到蒸汽朋克风的启发，结合了维多利亚时代的风格和蒸汽机械风。后来，制作团队转向更为传统的军事题材，并在经历了重大调整后，产生了现在的主题和风格：既有遭遇船难后仍要面对骄傲自大的敌人的背景设定，又有色彩明亮的小岛美景及略带幽默感的游戏元素。

"对我来说，配乐是游戏的精华，它既充满梦幻感，又能令人放松。我能想象自己在战斗之余跑到沙滩上放松的场景。"

设施

《海岛奇兵》中的人物、设施、船只都采用了一种手工制作的手办风格：可爱、敦实，设计略带真实感，却又略微粗糙、扭曲、不稳定。通过升级，设施的外观会越来越现代化，并且越来越具有复古未来主义色彩，就像经历了由 20 世纪早期到晚期的过渡。更大的规模、更强的坚固度和防御力，以及设施的颜色变化都是升级能够带来的变化。

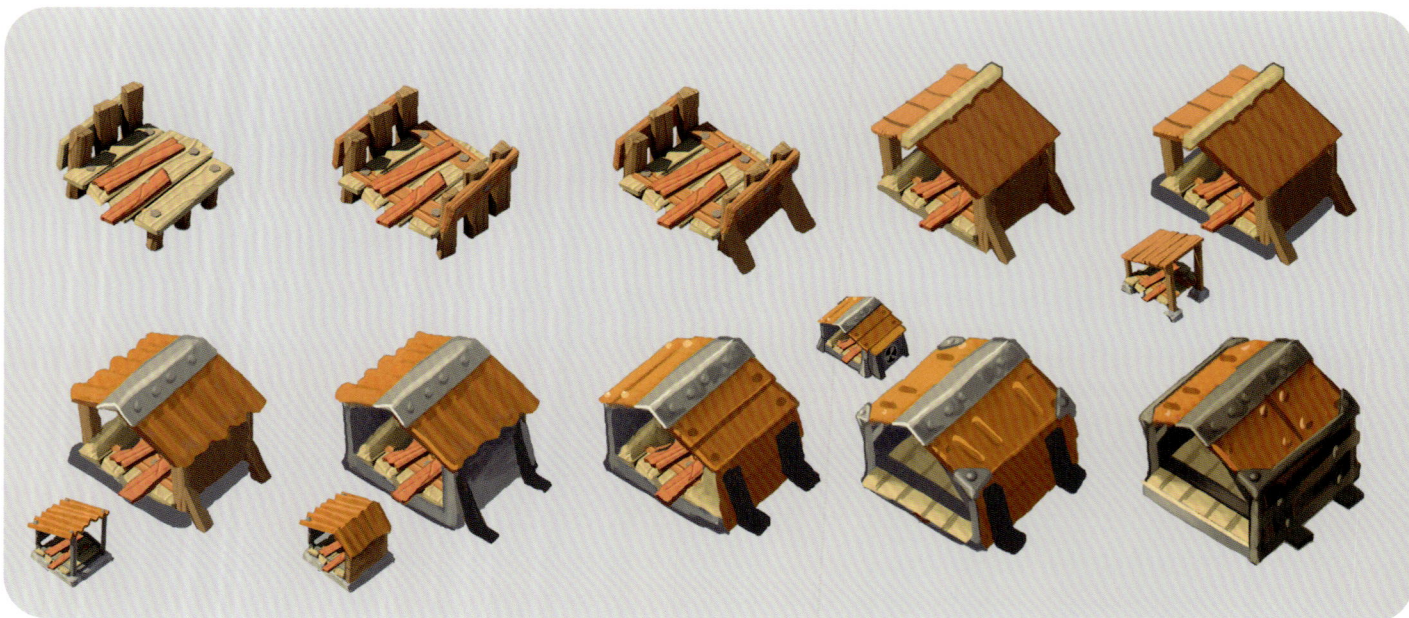

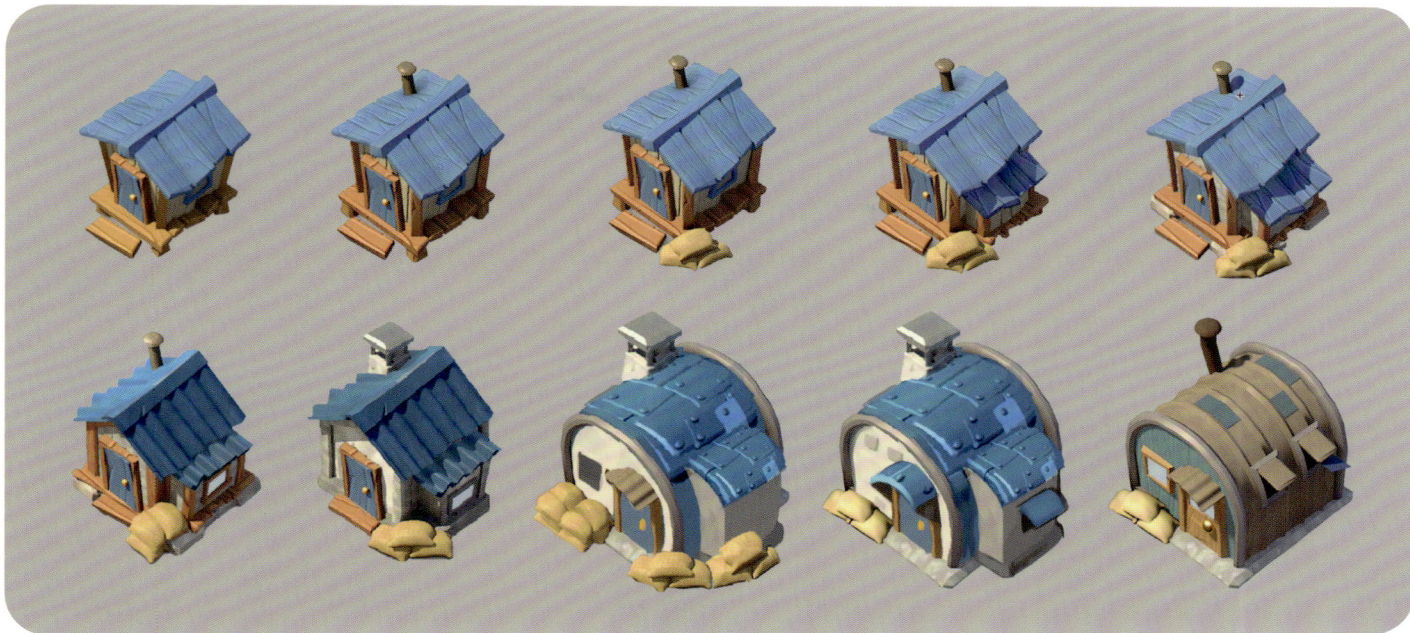

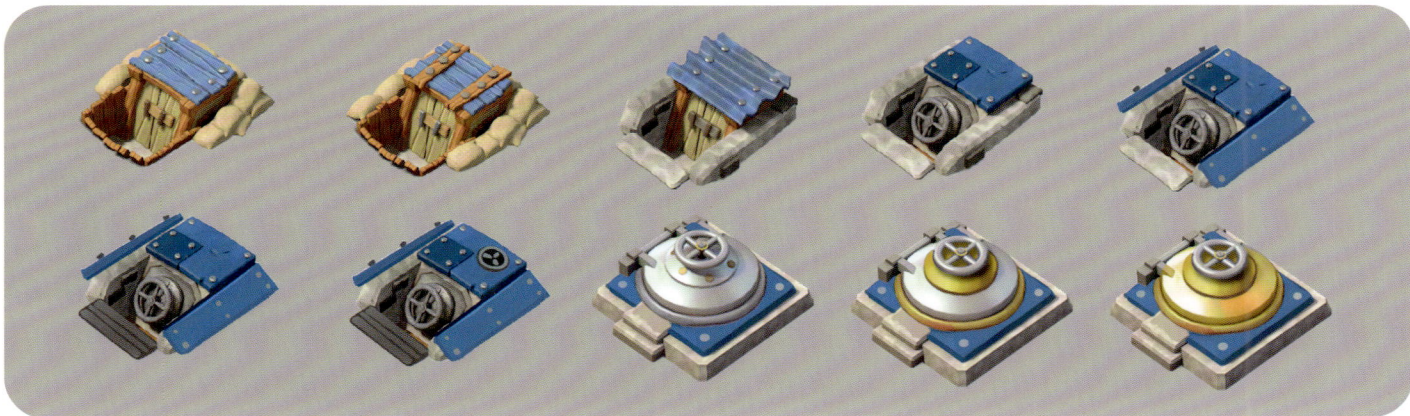

"民房在早期被设计为坚实的木制建筑，直到团队中有人想到了一个好点子，才决定将其设计为帐篷。船只遇难后你就能得到它了！"

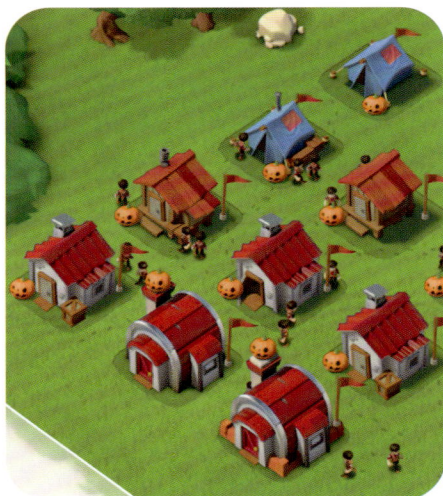

区分不同等级的方法之一就是更改设施的外观，但由于设施等级较多（通常情况下超过 20 级），所以以为设施设计出有意义的视觉增改是一件很有挑战性的事情。

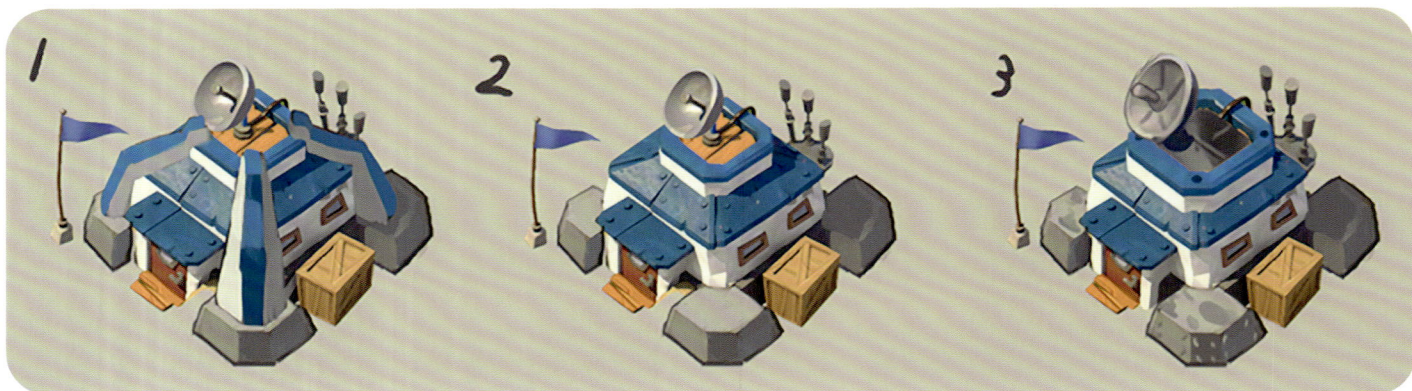

通常情况下，设施的配色方案会在升级过程中保持不变，以保持高级设施和低级设施的连贯性。但有时候制作团队会保留某个突出且明显的外观特点不变，为之后的设计升级留有余地。

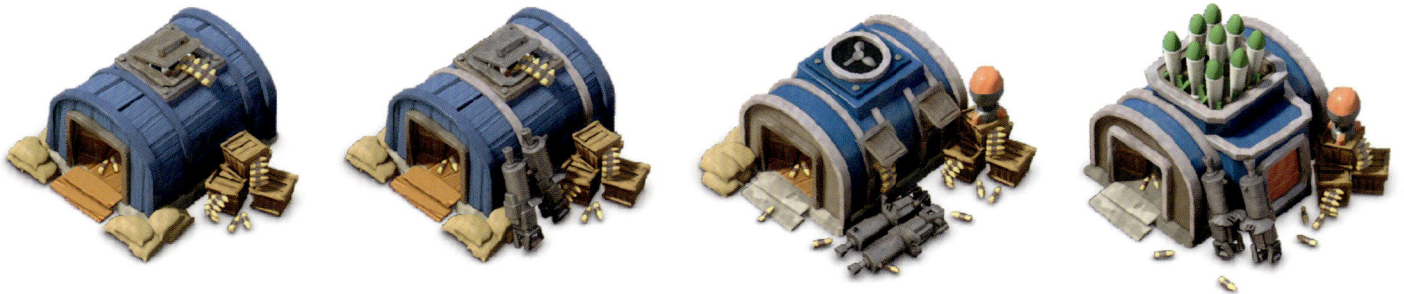

Tap or press and hold to deploy TROOPS

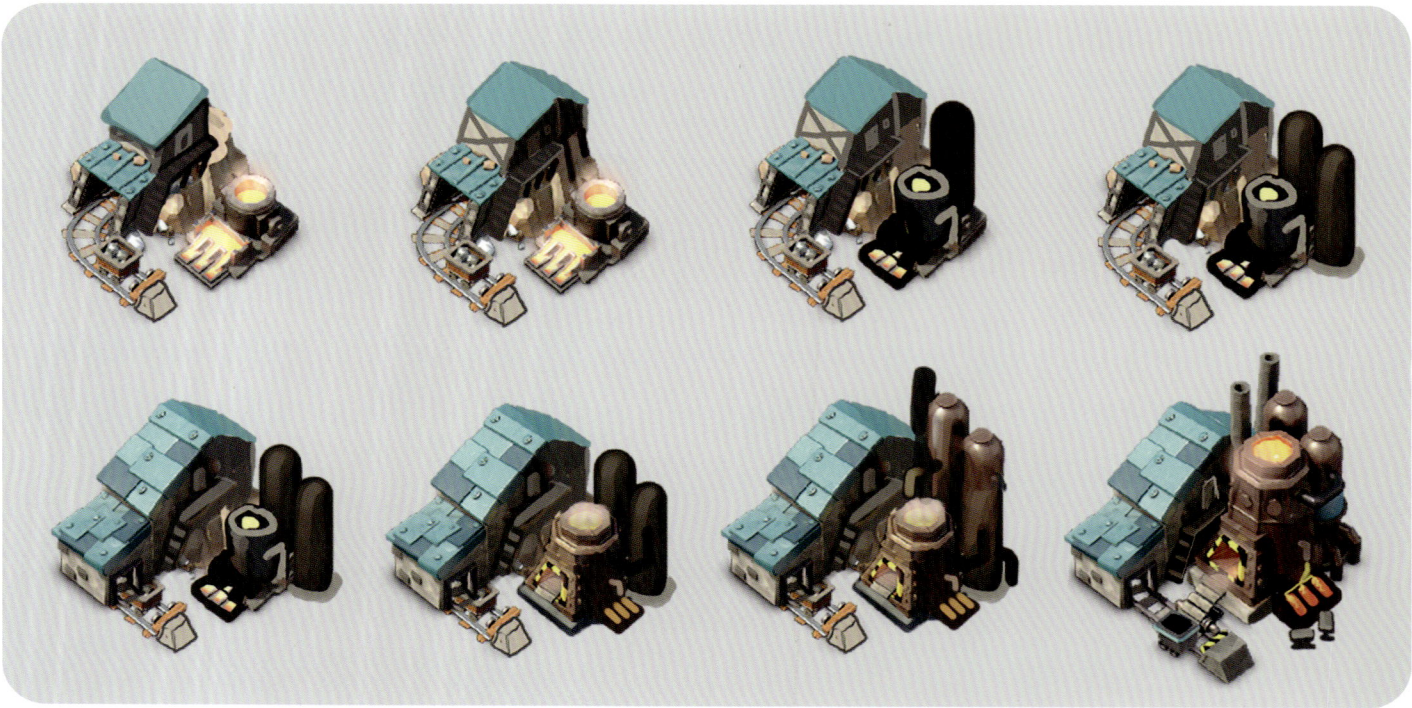

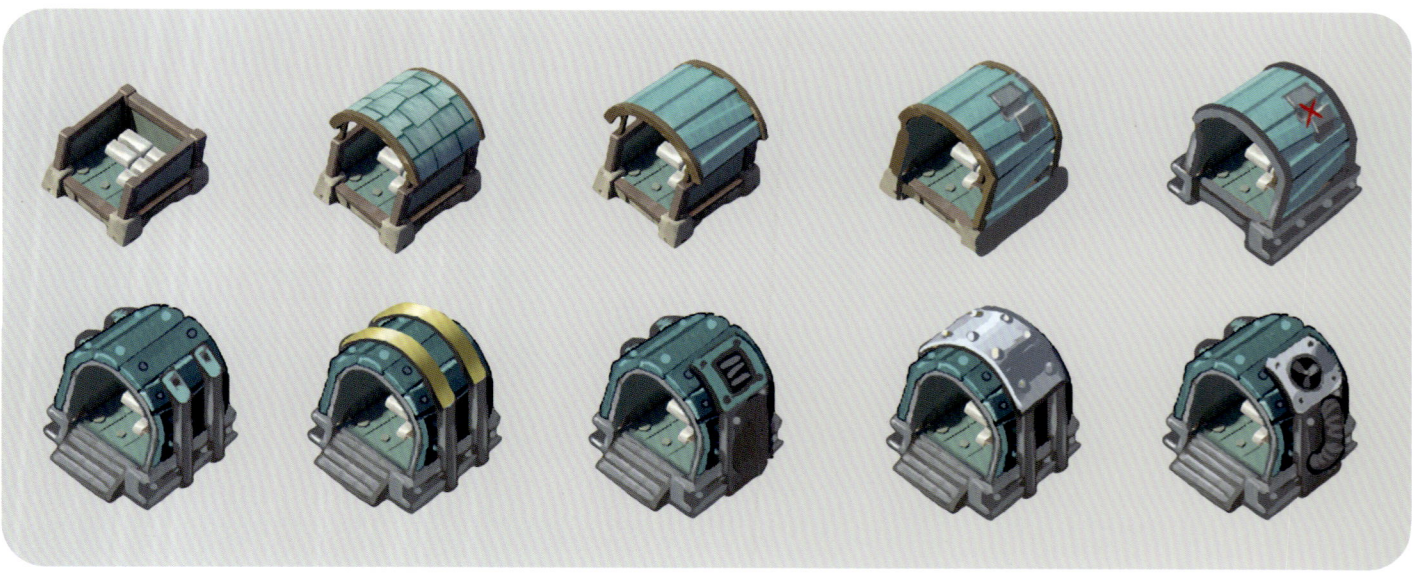

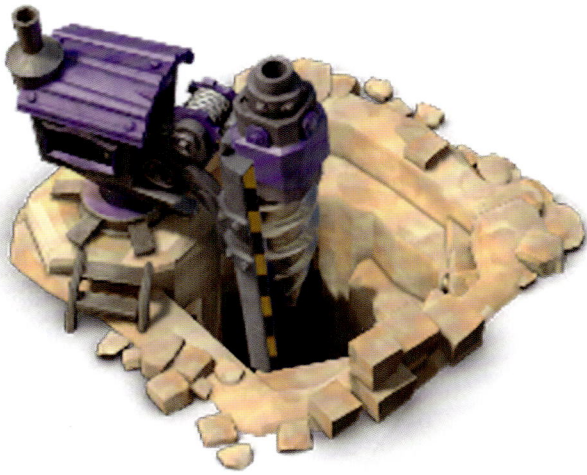

游戏中的设施（除了最初的几个等级）都是由一层层的碎片组成的，以便纹理地图生成器对它们进行拼接。

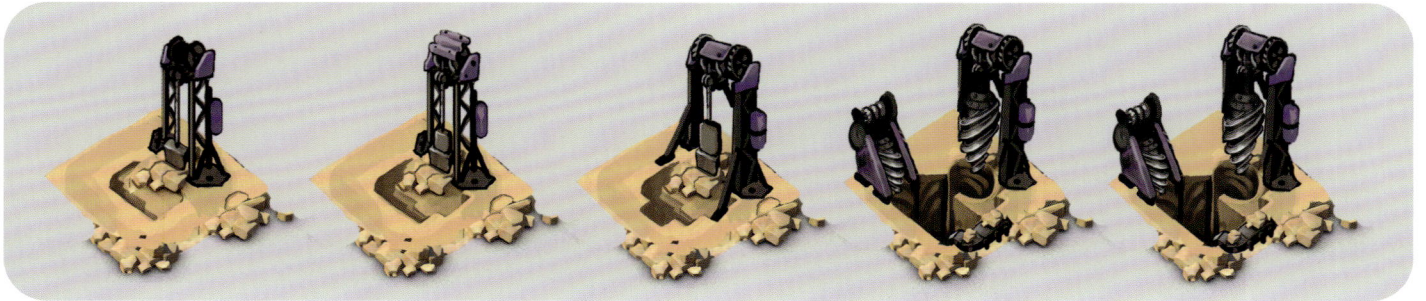

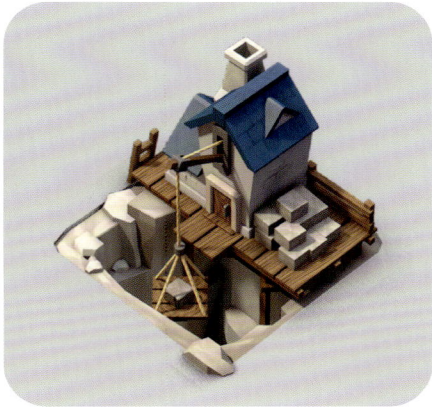

神像和水晶皆源于小岛本土的神话及神秘世界。

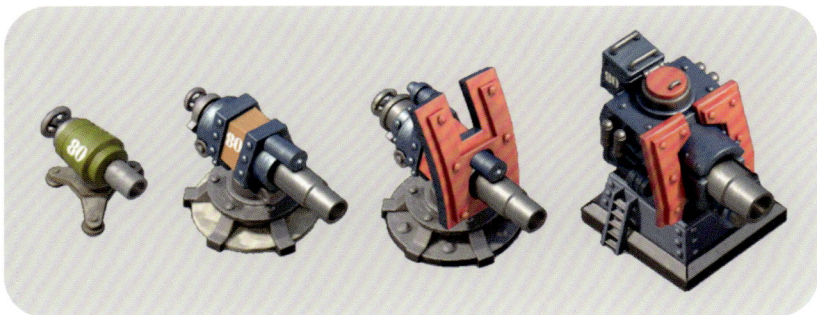

原型武器的加入为制作团队提供了更多可以探索的未知领域。"我们可以在武器创作上尽情发挥想象力，但要确保即便是最科幻的东西也要有复古未来主义色彩。"如何处理科技元素是制作团队内部经常探讨的问题。

制作团队从现实世界中取材，进行"常规"武器的创作，用来参考的武器曾出现在第一次世界大战、第二次世界大战、越南战争中，而游戏中那些武器则参考了《红色警戒2》（*Red Alert 2*）、《雷鸟》（*Thunderbirds*）、《生化奇兵》（*Bioshock*）、《合金弹头》（*Metal Slug*）等。

《海岛奇兵》中的物体造型圆润，独具特色。"我们从游戏体验入手，游戏物品的设计应该为游戏体验服务。"

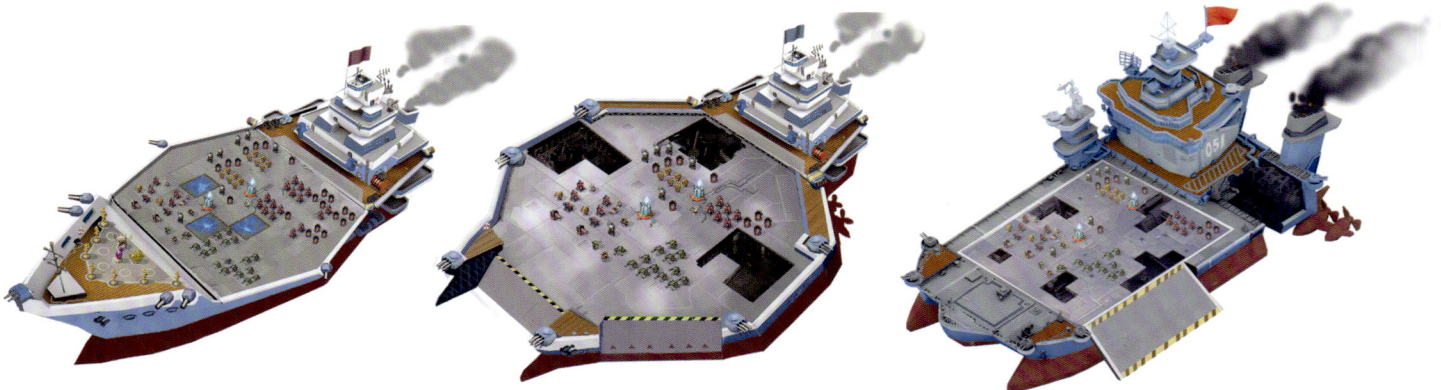

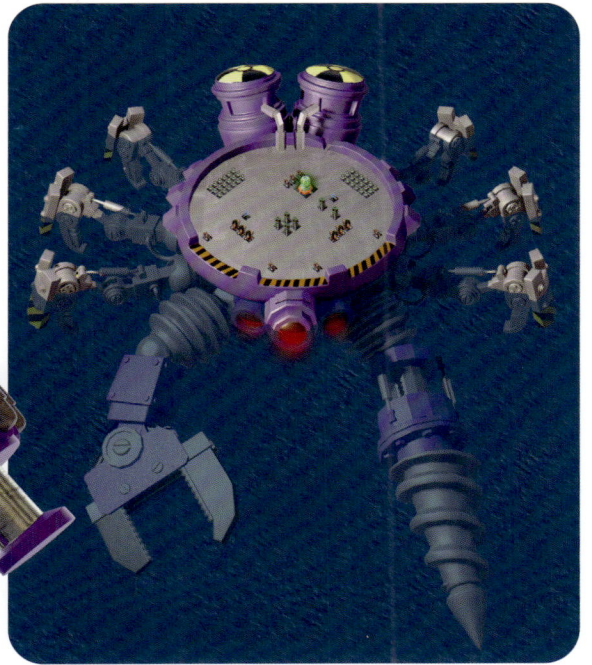

制作团队想打造一款可以重复挑战的游戏，即创作一种新的竞技场玩法，于是超级螃蟹诞生了。"在我们确定了机械岛其实就是一个机器人的设定后，恐怖博士就成了操控超级螃蟹的不二人选。我们产生了许多关于游戏功能和市场宣传的疯狂想法。游戏的玩法受桌游的影响很深，并且包含着层次丰富的反转。"

反派

基于《海岛奇兵》的 PvE 游戏属性，制作团队自创作伊始就明确了一点：游戏中不仅需要许多角色，还需要个性鲜明的反派人物。他们想到了让群岛随着云雾的飘散而逐渐展现出来的点子，每个新区域都有一个反派。"在设计反派人物和他们的大本营时，我们从奥匈帝国和两次世界大战中汲取了创作灵感。"

步枪　　　　　　　　蒸汽大炮

哈莫曼中尉

少废话。
进攻!

哈莫曼是玩家遭遇的第一个反派人物。别看他面相凶恶，但在内心深处，他只是一个孤独落寞、渴望被他人接纳的可怜虫。

指挥官卡尔特

虽然指挥官卡尔特没能被保留到游戏最终的版本中，但是，玩家的小岛上时不时会有不知从哪里来的漂流瓶，其中就有一个与指挥官卡尔特有关。

恐怖博士是一名邪恶的科学家。他在某个临时任务中首次以 3D 形象登场，并挑战玩家攻占其控制的所有基地。虽然屡战屡败，但恐怖博士有着坚不可摧的自信。有意思的是，恐怖博士在韩国拥有非常高的人气，他是韩国玩家眼中的可爱鬼！

布里姆将军

指挥官卡尔特

布里姆将军

布朗宁博士

维克托王子

兵种

玩家能使用的兵种是从游戏体验的角度设计出来的。最开始的兵种命名方式明显与其作战性能相关，如步兵、重机枪手、医师，直到制作团队将火箭炮手的英文名"Bazooka"改为"Zooka"，游戏的兵种命名方式才增添了一些创意。游戏体验也围绕着这些人物的设定而设计。

您的小镇正受到攻击！

"教学助手"（Tutorial Guy），顾名思义，就是带领玩家上手游戏的角色。此外，他还负责公布游戏的新玩法。

"因为他是一个船难受害者，所以我们在他的脸上加了一些胡茬。这样他就不再是一个普普通通的小助手了！"

"土著勇士大概是最难处理的角色了。他们能在发动攻击时为自己疗伤。虽然这种神奇的能力是个不错的新机制，但造成了游戏设计上的难题，因为土著勇士与其他现有兵种的配合度不高。"

土著勇士

步兵

重机枪手

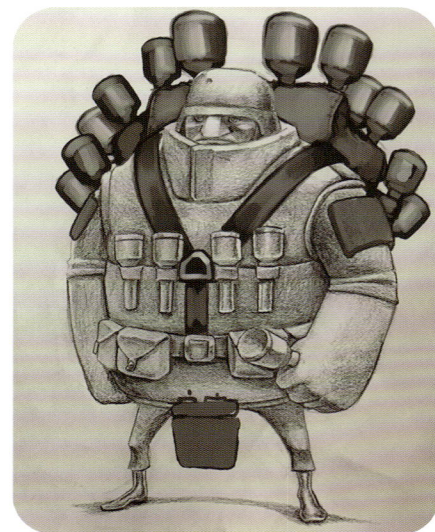

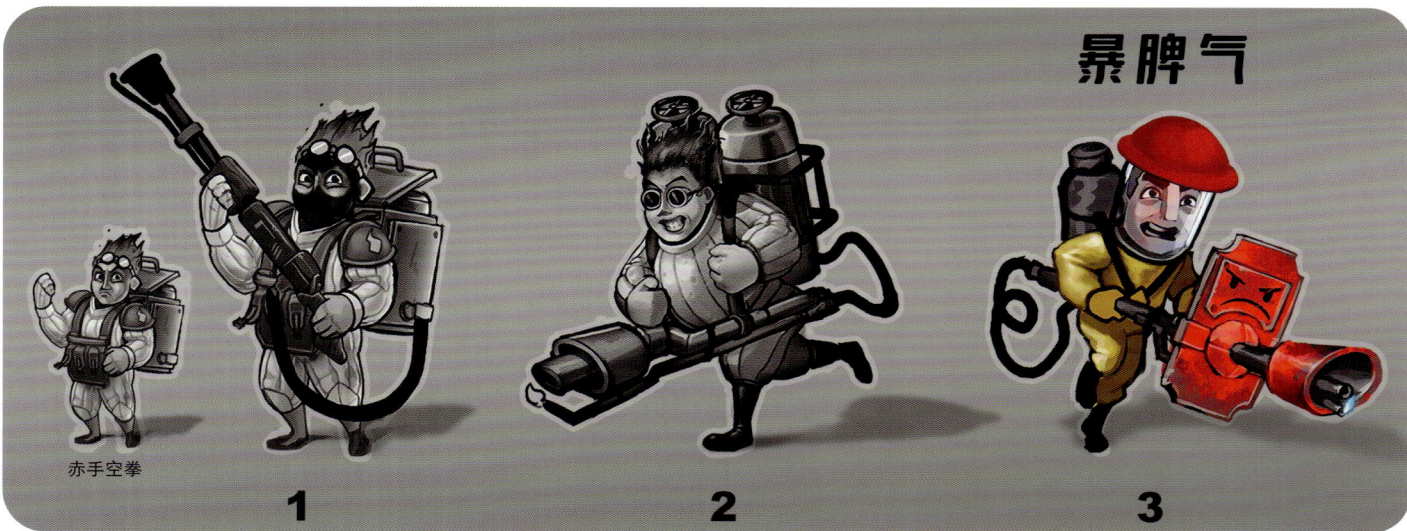

赤手空拳

1   2   3

暴脾气

"在《海岛奇兵》的世界中，人物特色比设施特色更容易塑造。投弹兵和重机枪手一样都是大块头，但生命值较低。然而，这个兵种在游戏中看起来有些难以掌控，好像除了乱扔炸弹，什么都不知道似的。"

"我们从西伯利亚汲取了灵感，设计了极冻先锋，同时想在这个兵种的技能及名字上做一些设计。当然，给这个兵种取一个简单、直白的名字，比如'冰冻女'（Freezing Lady）也行，但为什么要用这么单调的名字呢？我们将'先锋'（pioneer）和'极冻'（cryo，即希腊语'冷冻'）这两个词拼起来，组成'极冻先锋'（Cryoneer）这个名字。极冻先锋的设计过程很有意思！"

GREETINGS FROM THE
BOOM BEACH TEAM!

GREETINGS
BOOM B

部落冲突：皇室战争

《部落冲突：皇室战争》的故事就发生在《部落冲突》的世界中。然而，这并非游戏最初的制作方向。2014年，几名开发人员开始了某个新游戏的制作。游戏从传统奇幻故事中汲取灵感，并融入了全新的玩法。随着项目的推进，制作团队发现他们眼前出现了这样一个机会，于是《部落冲突》中的人物就这样加入了新游戏。"这样做的大部分原因是出于信任和直觉。过程不容易，但能带来长期的回报。"

严格来说，《部落冲突》是为平板计算机而非手机打造的游戏。"在大屏幕上排兵布阵更容易一些。"《部落冲突：皇室战争》的制作团队对人物造型重新进行了设计，以适应新的固定镜头视角，并增添了更多的动画帧数，以及更多的人物移动方向。"游戏中的人物不仅要从侧面看上去不错，直接从正面和背面看也要同样优秀。"

《部落冲突：皇室战争》中的大部分兵种都直接来源于《部落冲突》，某些兵种在原有的基础上进行了一些调整，哥布林射手和哥布林飞桶就是典型的例子。因为这些兵种本身已经确立起了游戏的玩法机制，所以这种熟悉感能帮助玩家更好地融入游戏。在绘制精细版的野蛮人兵种，以及优化版的弓箭手部队的草图时，制作团队意识到它们并不是一支新部队，而是一整套新人物。"这些人物看起来很像皇室成员，所以我们索性管他们叫'皇室'。"《部落冲突》中的村落处在丛林和山丘的环绕中，所以《部落冲突：皇室战争》自然需要解答"山丘的另一边是什么"这个问题。在《部落冲突：皇室战争》的世界中，战斗更多的是为了获取乐趣而非战利品，这成了支撑《部落冲突》的世界继续拓展的关键因素。

《部落冲突》的早期概念图。

> 也许是这个？

开发初期

游戏的早期主题受传统奇幻故事的影响颇深。在当时的版本中，战斗的主角是法师而非国王。

皇室成员

皇室成员居住在《部落冲突》更为复杂的世界中，制作团队基于《部落冲突》中的弓箭手及野蛮人形象绘制草图，并制作出了这些喜爱运动和娱乐的人物。"这些新形象细腻的外观给人一种梦幻的欧洲中世纪气息，让我们联想到了皇室、运动和竞技场。这些元素最终融合在了一起，交相呼应。"

在成为当下备受爱戴的人物前，国王的形象经历了多次改版。

111

骑士的形象设计来源于野蛮人，而火枪手则是以弓
箭手为原型设计出来的。

以下是王子形象在设计过程中的反馈信息样例。

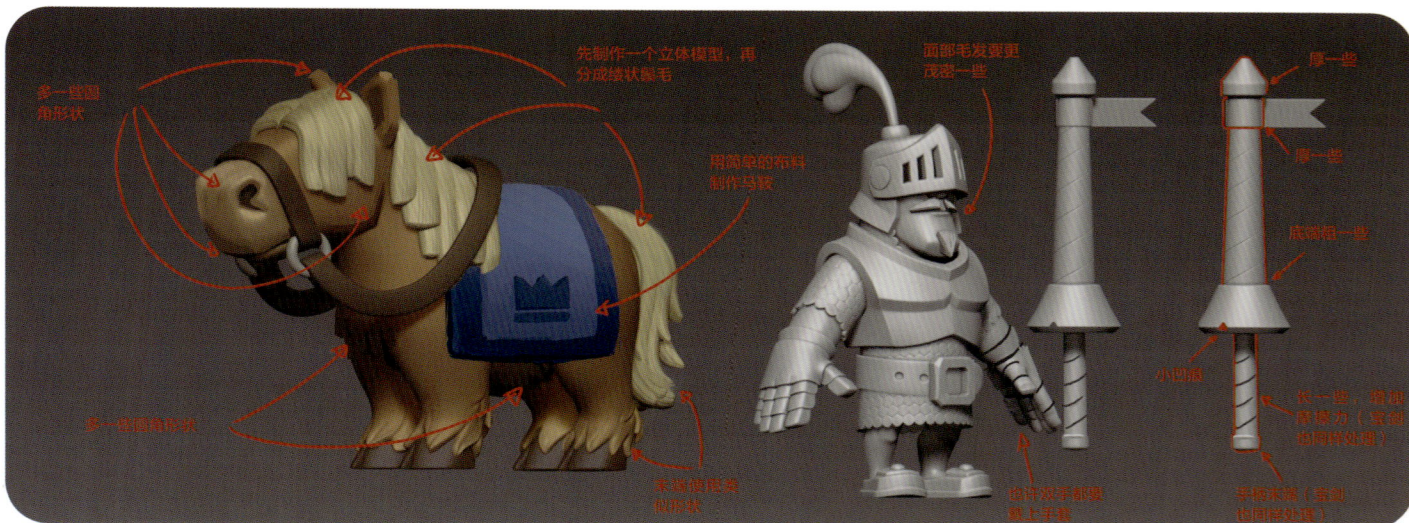

兵种

《部落冲突：皇室战争》和《部落冲突》中的人物使用了相同的比例和艺术风格。在《部落冲突》中，玩家通过部署成群兵种攻击建筑物，而《部落冲突：皇室战争》中则是以兵种间的一对一比拼为主。由于《部落冲突：皇室战争》中的战争更像一种运动，所以整体上更有趣一些。

设计新兵种的困难之处在于如何将其与现存的兵种加以区分，同时保留对玩家的熟悉度，必须要保证他们看起来像来自同一宇宙及同一角色体系。

在最初的奇幻故事主题下，制作团队已经设计了一条龙，但后来当他们决定将《部落冲突》中的龙带到《部落冲突：皇室战争》中时遇到了问题：龙的翅膀遮挡住了过多的战场面积。"所以我们把龙改成了飞龙宝宝。飞龙宝宝最初的设定是皇室成员的宠物。"

常规战争以外的角色活动为这些角色添加了更多的个性，也为进一步创作提供了条件。"平底煎锅适合迷你皮卡，后来我们把它调整成了摊煎饼的动作。"

通常情况下，新人物都是在设计需求下催生出来的。例如，游戏中需要一支新的防御部队，或者一种新的攻击机制。"比方说，游戏需要一个具有肉盾功能且费用为两点圣水的兵种，那我们就要开始构思什么样的部队最能体现这个设计，并且能够融入游戏世界中。"

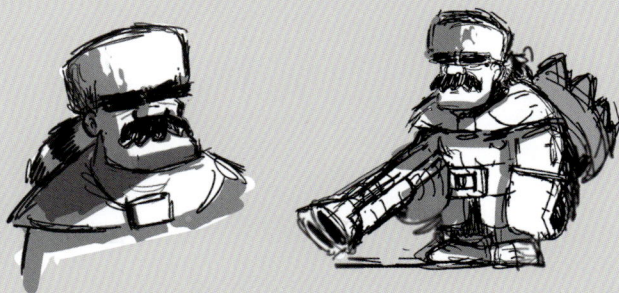

并非所有兵种都是在需要解决需求问题的情况下诞生的。飞斧屠夫和猎人就源于制作团队对生活在中世纪的人物的想象制作而成。"飞斧屠夫的设定比较阴暗，鉴于他是一个严格的素食主义者，所以我们给他设计了切西瓜的动作，让他的形象柔和一些。说不定他和迷你皮卡在厨房里还蛮搭配的。"

"幻影刺客就像是弓箭手在乡下的表妹,她不像弓箭手一样细腻、内敛。弓箭手笑的时候发出的是小声的'嘿嘿'这样的声音,而幻影刺客笑起来就会是'哈哈哈'这样放荡不羁的笑声。"

绿林团伙的最初设计是一个骑士搭配两个弓箭手的组合。"我们当时想添加一张兼具近战攻击和远距离攻击能力的卡牌。游戏体验不错，但角色本身还稍显逊色。我们退一步思考，认为与其重复利用现有的游戏角色，不如重新创作一个角色。当时我们正在创作幻影刺客，顺便制作了绿林帮。"

Supercell 一贯提倡自由发挥，在角色创作上更是如此。"大家各抒己见，进行尝试，行不通就调整。这是个自然的过程，包含了许多尝试和调整。"

今天绘制的角色可能很长时间都不会出现在游戏中。各种创意和构思可能在多次升级的过程中被搁置，并会经历一个长达数月甚至数年的不断调整的过程。

这是个神奇的物件

鹞老哥子家

TRIANGLE

在 2019 年，制作团队将赛季的概念引入游戏中。每个赛季都有独特的主题、竞技场及兵种。渔夫和他可疑的同伙是第一赛季的主角，他们警告其他部队洪水快来了。渔夫的第一版设计是一位海盗船长，他能用钩子拽住地方部队。"但是因为我们生活的世界中没有海盗，所以我们就把他加到了绿林帮的大家族里，和猎人、绿林团伙、神箭游侠及幻影刺客在一起。"

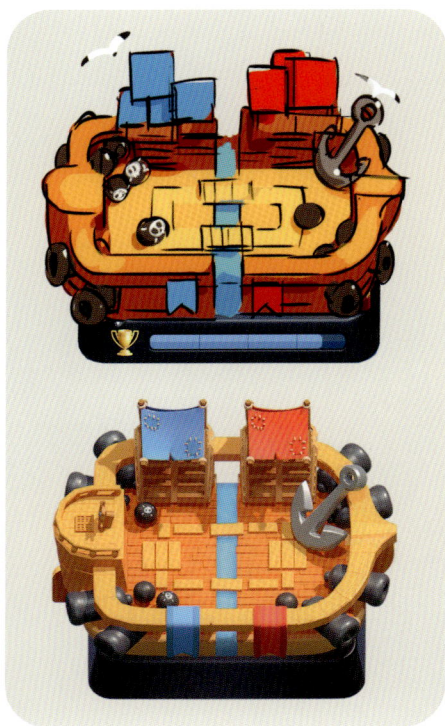

"皇家幽灵以前穿着一双飞龙宝宝拖鞋，但对人物来说细节过多了，所以我们对其进行了简化。"

皇家卫队可能是训练中的黑暗王子。全副武装、隐姓埋名的皇家卫队并不是最聪明的兵种，看看他们身上插的箭就知道了。

这个钻头造型的装置是制作团队在设计可以放置到对手阵地的装置时想到的。"它逐渐演变成一支间谍部队，一旦进入敌方领地，就会制造某些动静。或许哥布林能从木板上的小洞里冒出来捅敌人几刀。"

METAL

121

制造团队想制作一张高伤害胜利条件且可以对塔进行攻击的卡牌。通常情况下，这类卡牌会直接对敌方塔造成伤害。"我们在这个角色的形象设计上以葛雷丝·琼斯（Grace Jones）[1]作为模板。一开始的设计是让她与狼为伴，但狼攻击塔这个设定完全说不通。但羊就不一样了，它完全能把塔掀翻！"

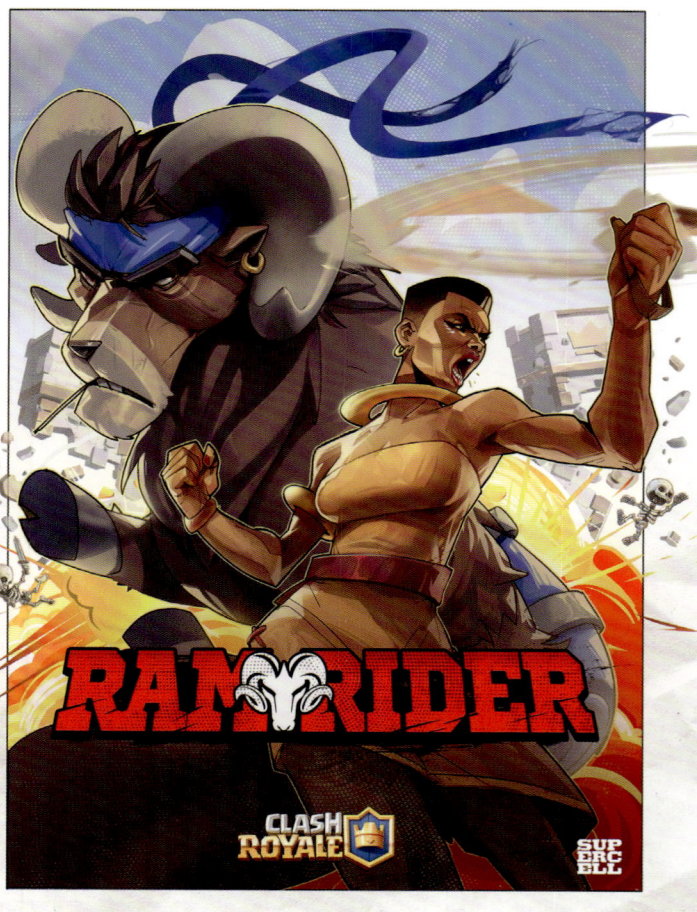

① 牙买加裔演员、模特、歌手。

竞技场

竞技场反映出了游戏世界中的不同场景。坐落于不同区域的竞技场有各自独特的风景，如终年积雪、处于极寒地带的冰封之巅。

早期的竞技场是基于现有的《部落冲突》中的角色设计而成的，当然离不开类似运动竞赛的皇家战争主题。竞技场的外观会随着玩家的游戏进度而改变，从训练营进化到皇家竞技场，并经历不同的场景变化。

各种各样的场景拓宽了整个游戏的空间，为游戏中的人物提供了家园。例如，寒冰法师是在冰雪场景出现前创作出来的，所以制作团队很自然地把他放到了冰封之巅竞技场中。后期的角色总是和新场景一起推出，而这些场景又会为后续新角色的创作提供基础。

部落竞赛玩法进一步强化了同一世界、不同场景的设定。各个部落乘船抵达画面中央的小岛的画面给人一种世界各地的角色齐聚一堂的感觉。

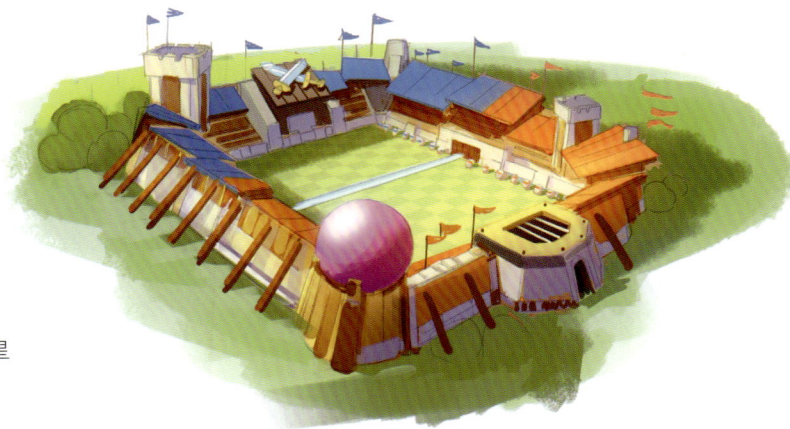

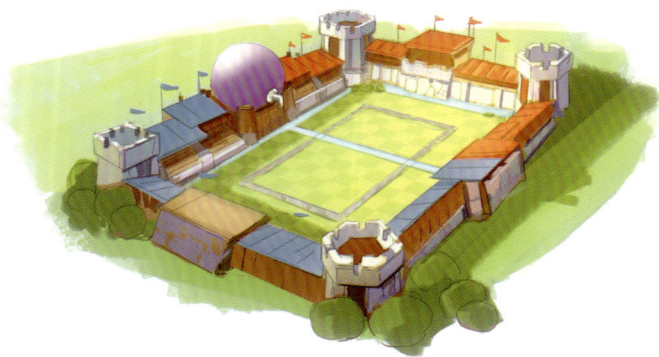

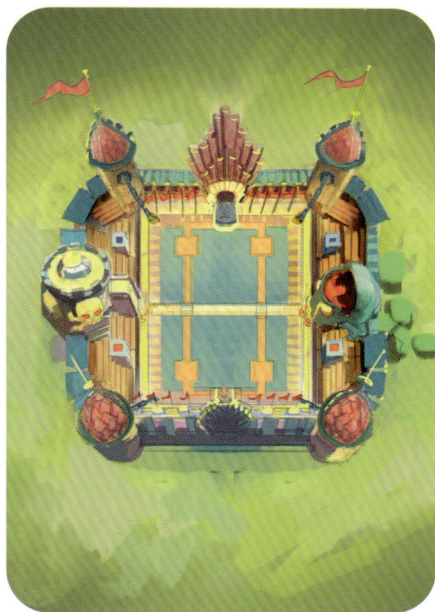

A

B

C

D

E

F

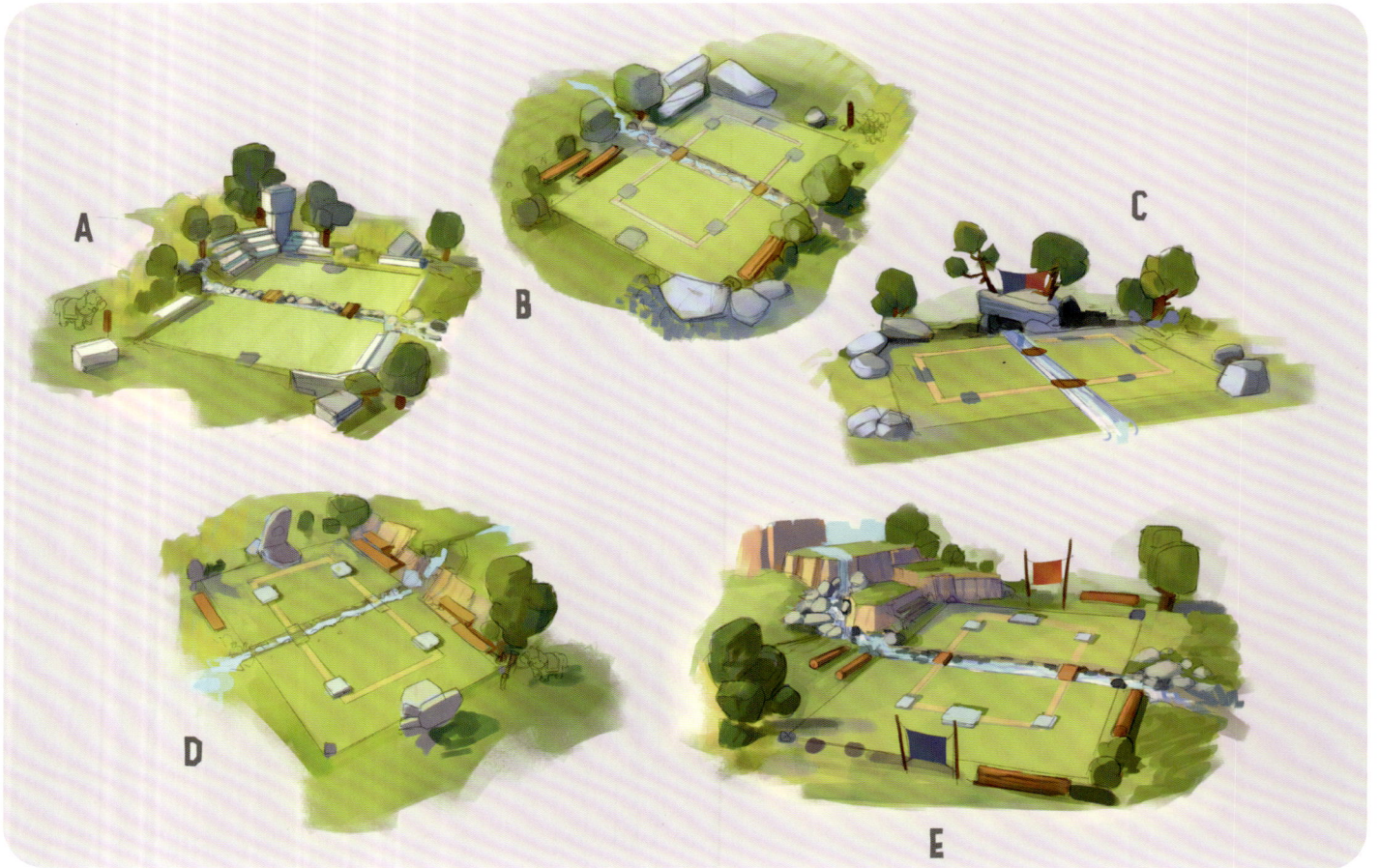

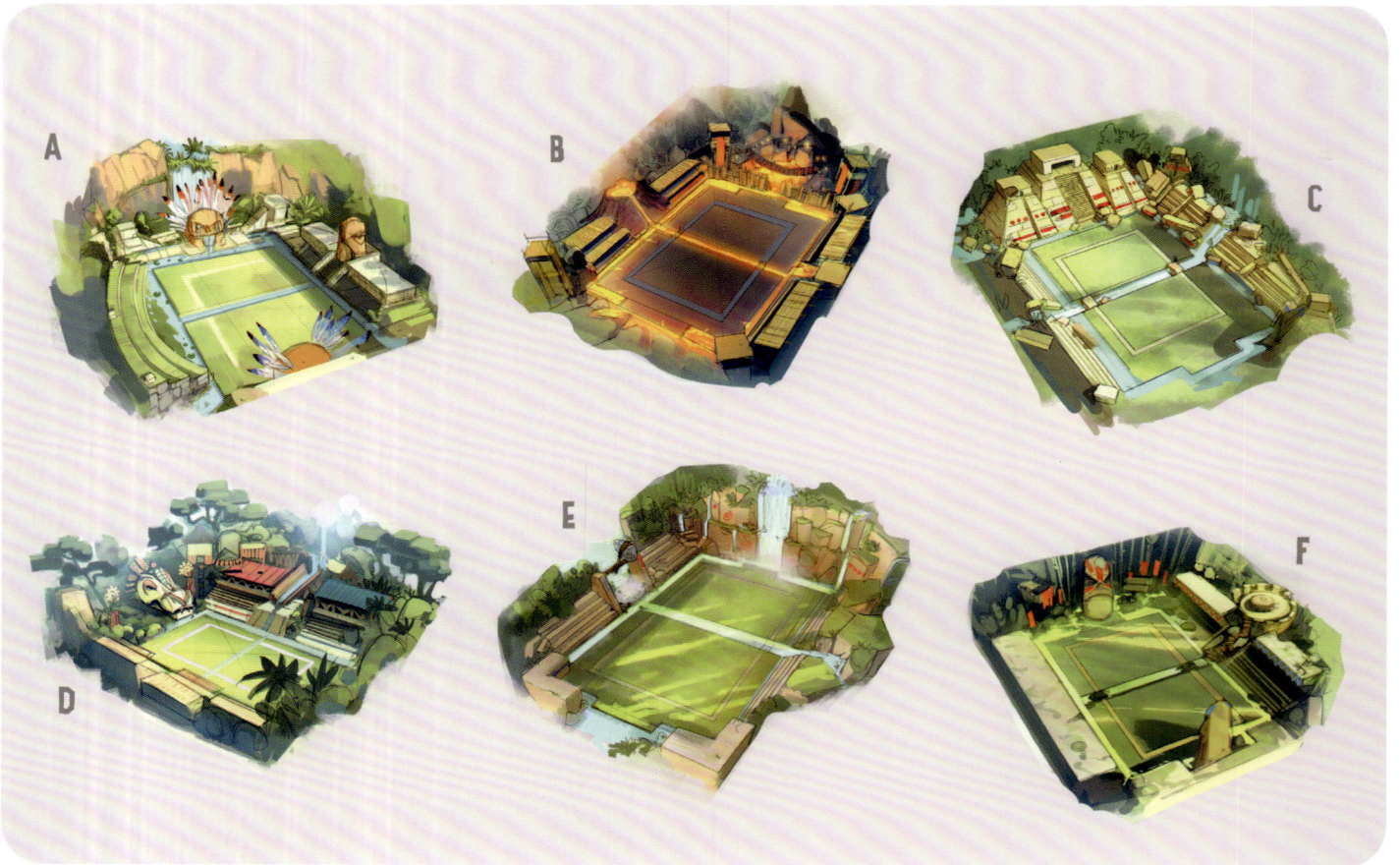

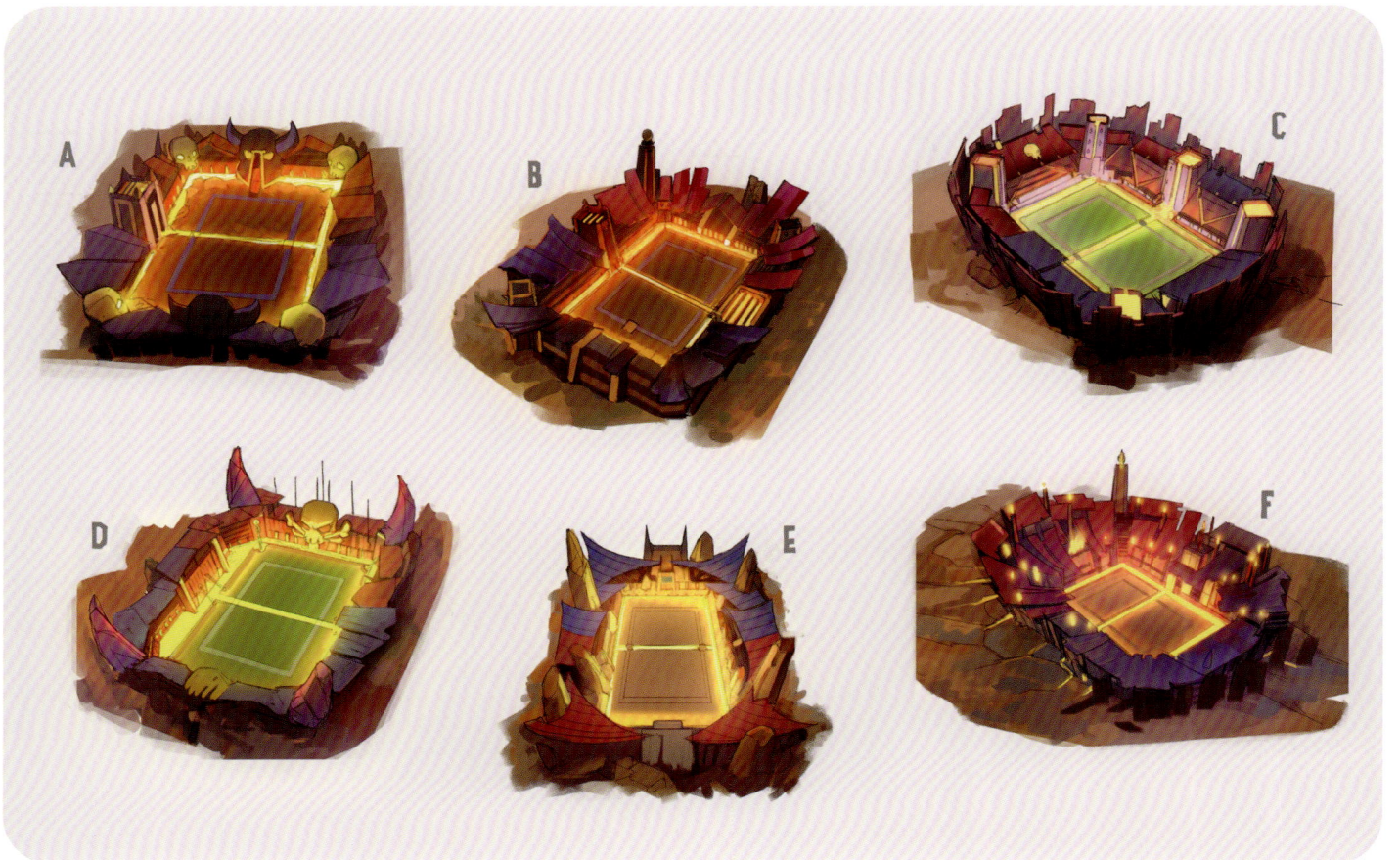

127

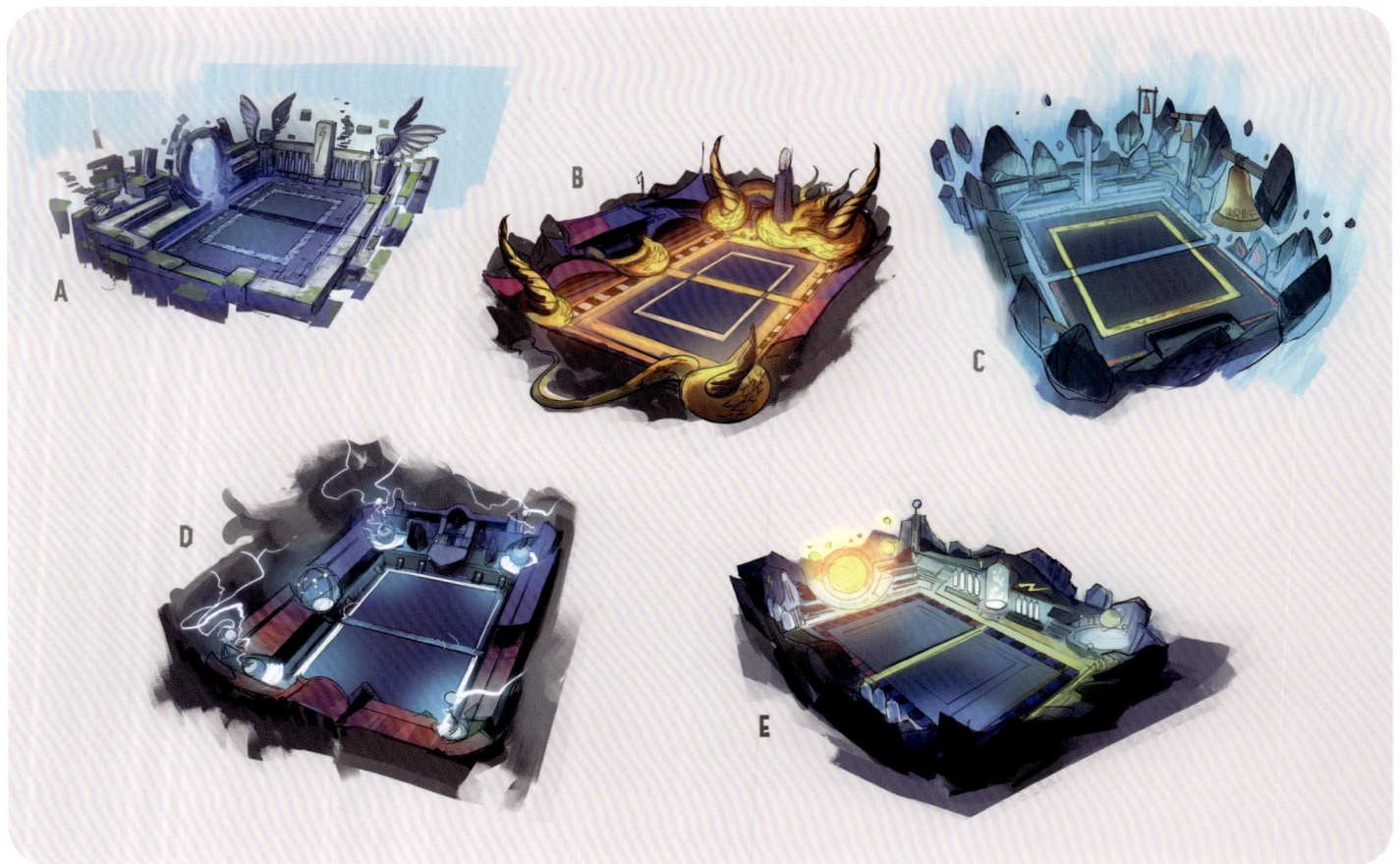

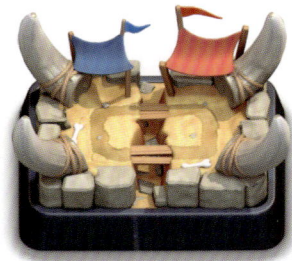

Training Arena

新手训练营

· Arena 1 ·

1阶竞技场

· Arena 2 ·

2阶竞技场

· Arena 3 ·

3阶竞技场

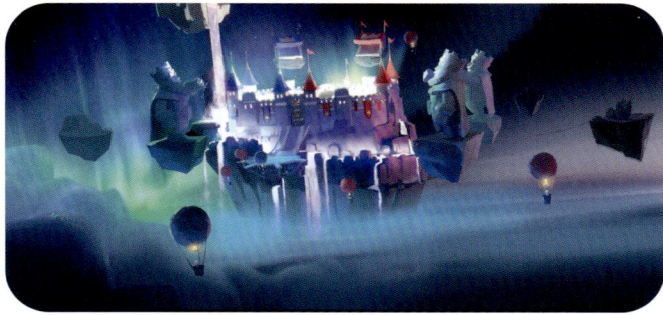

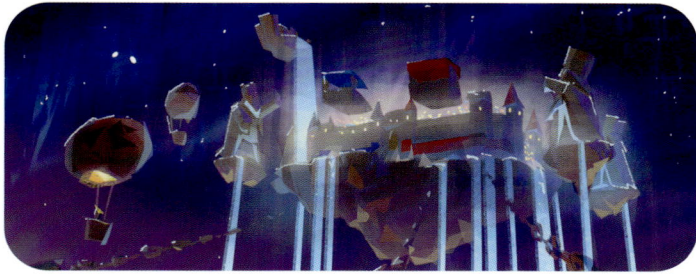

传奇竞技场的第一版设计打造了一个烟雾缭绕且充满东方武术元素的地方，这里可供玩家修炼技艺，以达到精湛水平，并且场中还有一个野猪骑士雕像。"加入了更多卡牌之后，就需要设计出更多的竞技场，所以我们决定将竞技场的名字改为'野猪山脉'，并且设计了一个新的传奇竞技场。"新竞技场的设计更加奇幻缥缈，为竞技达人切磋技艺而生。"我们在竞技场中设置了一个城堡，为的是让玩家重温往日在皇家竞技场中进行皇室对战的感觉。"

"我们受到可收藏棒球卡的启发，和 Topps 联手打造了《部落冲突：皇室战争》中的卡牌交易机制。"这些都是与第二套卡牌相关的设计理念，然而，制作团队在卡牌的美术设计成型前放弃了这些设计。

Electro Wizard

闪电法师

Goblin Gang

哥布林团伙

Hog Rider

野猪骑士

X-Bow

X连弩

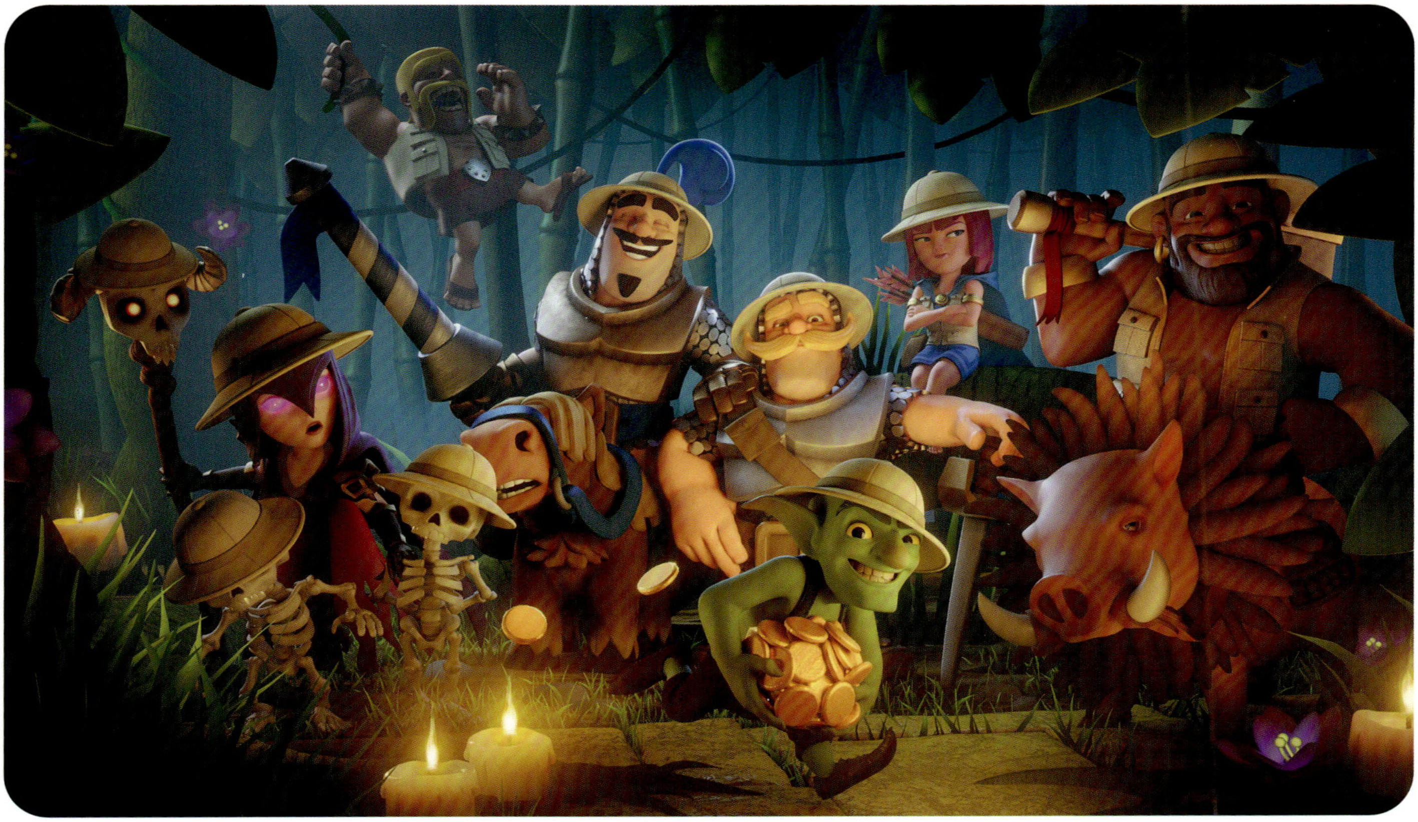

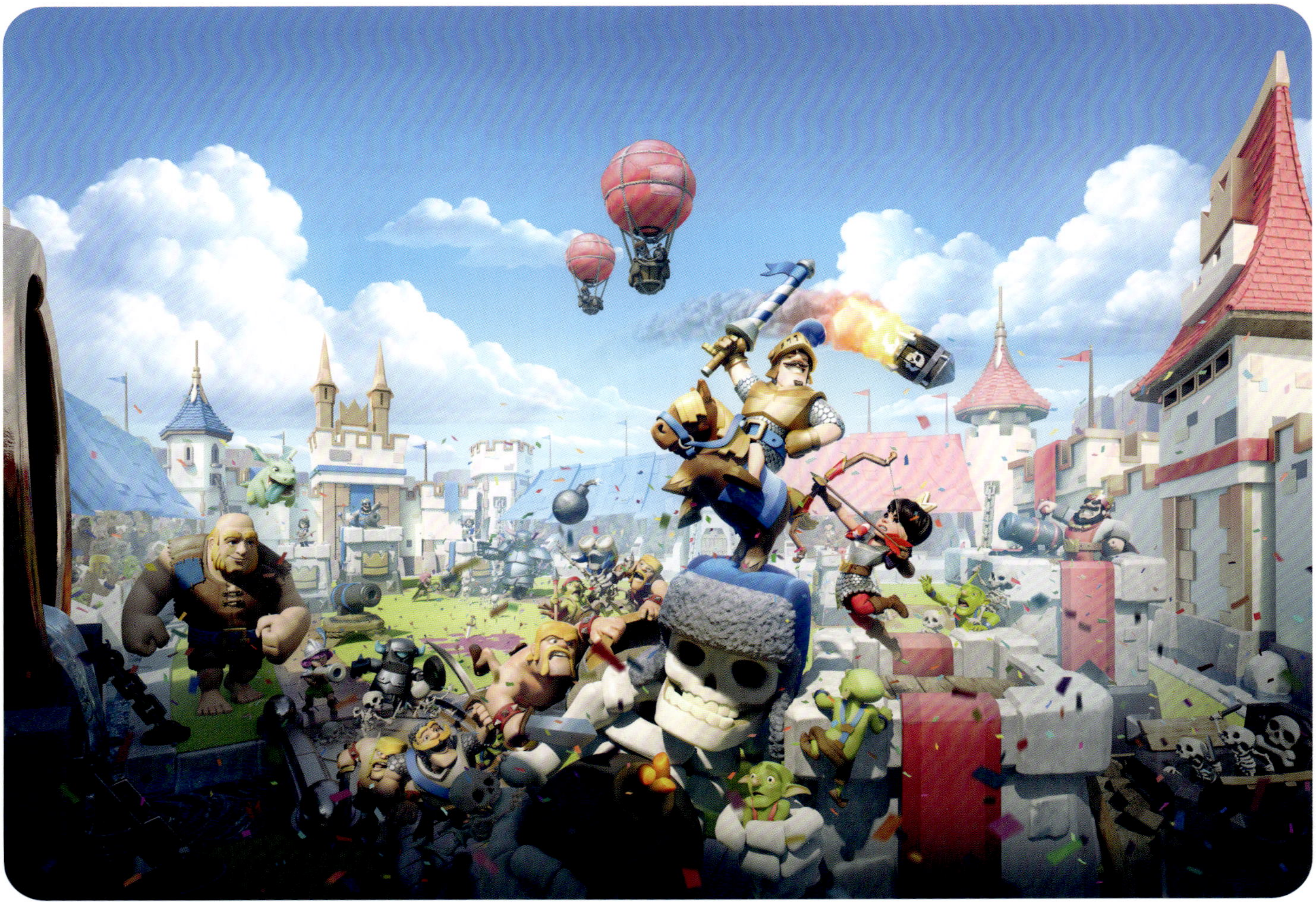

荒野乱斗

2018年12月，200位游戏界名人及内容创作者与《荒野乱斗》的制作团队一道在芬兰首都赫尔辛基见证了游戏的全球发布仪式。这标志着《荒野乱斗》长达18个月的测试阶段终于画上了句号。在这段时间里，游戏经历了数次重大调整，而制作团队也在摸索游戏是否能够达到全球上线的标准，以及如何达到这样的标准。如果团队无法克服困难，《荒野乱斗》将不可避免地成为众多被Supercell终止研发的游戏之一。游戏的推进机制及操控方式经历了多次调整，甚至从竖版竞技游戏调整成了横版竞技游戏。

然而，这并非制作团队首次遭遇艰难抉择、风险和转折。早在测试版发布之前，团队就在游戏的艺术风格选定及主题设计上经历过一段艰辛的旅程。《荒野乱斗》的原始设定是科幻未来主题，早期风格略为严肃，后来增添了一丝古怪的味道。再后来，游戏逐渐受到狂野西部风格的影响，最终演变成了"带有科幻特色的西部风格"。

这是一种不同于Supercell一贯风格的艺术风格，更贴近加州艺术学院的卡通画风，而非3D动画电影风格。"线条简单流畅，构图简单，使用卡通配色，有那种类似黑胶唱片贴纸及文身贴纸的风格，就像笔记本上的涂鸦，充满趣味和活力。"

在制作团队确定了游戏的主题和风格，并战胜了测试版的挑战后，接下来就是全球玩家组队乱斗的时间了！

科幻风

项目早期以太空探索为主题进行开发，游戏带有强烈的科幻风格。

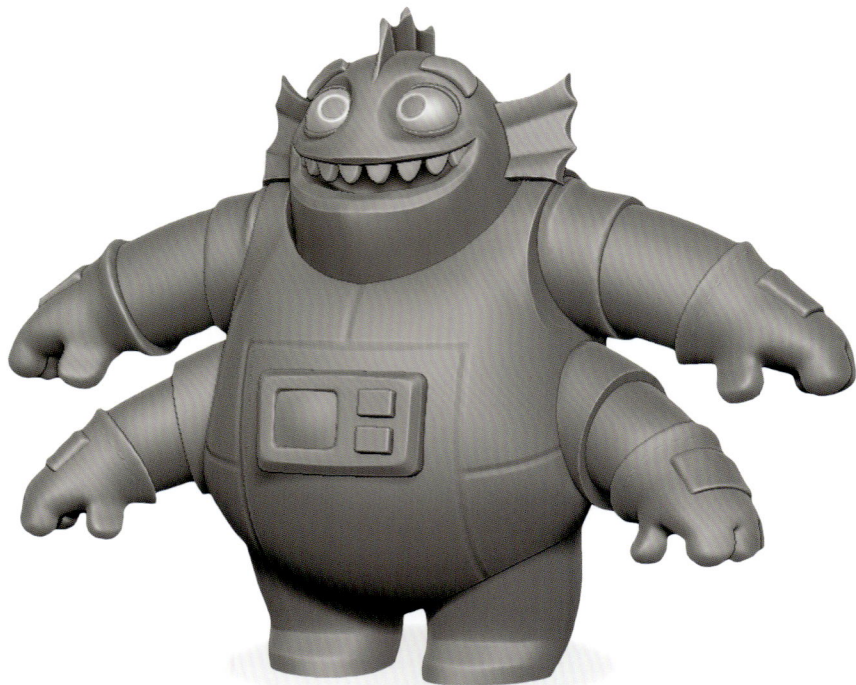

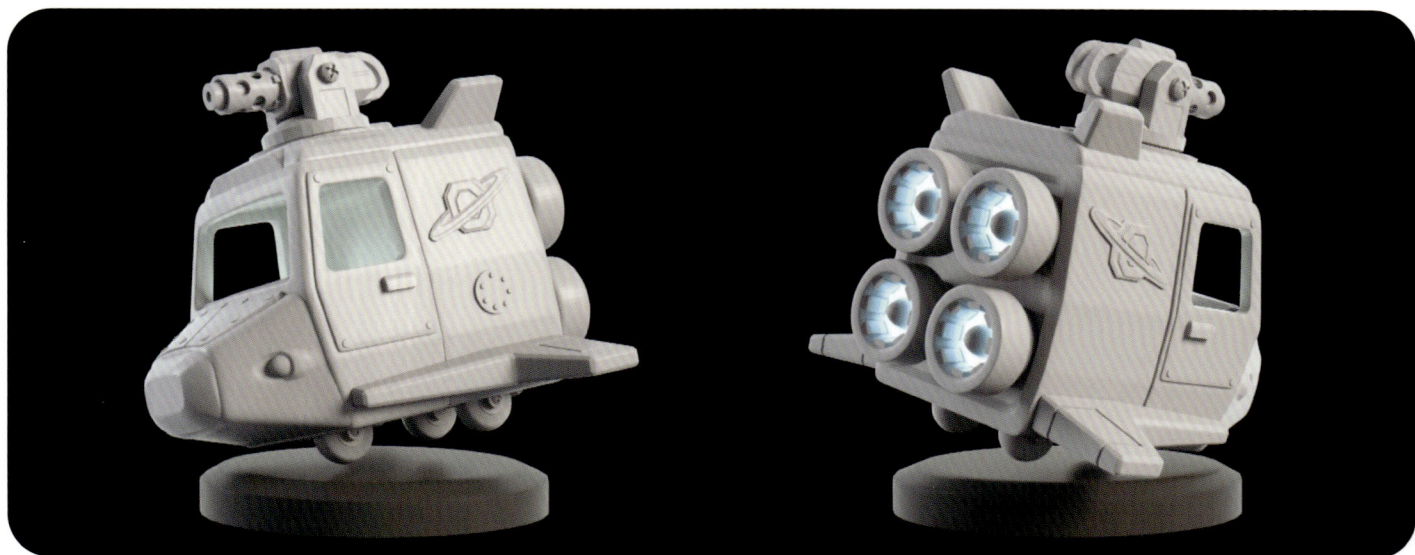

便携式黑洞

最后，在日式 Q 版漫画
风格的影响下，游戏的
艺术风格转向了一个全
新的方向。

149

西部狂野风

在外太空探索无果后，制作团队转而尝试西部狂野风。尽管西部风格并不是最终敲定的主题方向，但游戏测试版及国际发布版中的一些人物正是团队在探索该风格的过程中设计出来的。

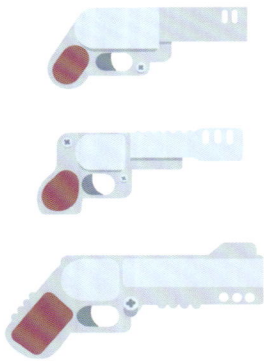

Shotgun Shelly

Shotgun Shelly totes her trusty boomstick, ready to have a blast.

Upgrades   Skins   Leaderboard

制作团队觉得西部狂野风这个主题的局限性太
强了。"就算创作几百个西部风格的人物，也不
足以引起玩家的兴趣。而且我们发现这个主题在
世界各地的受欢迎程度并不高，不可能制作出全
球爆款游戏。"

人物

乱斗士们决不会自相残杀。一切都是乐趣横生、无须承担后果或担心受到报复的乱斗体验。游戏没有复杂的故事背景，而且经常故意留白，为的是让玩家在找寻彩蛋的过程中了解故事的全貌。制作团队为所有人物设计了简笔画、2D模型、游戏中的 3D 模型，以及现实中的高精度 3D 模型。

"柯尔特那形似钢盔的发型就像是乐高人物身上的插件。柯尔特给我们带来了不小的压力，因为我们做的第一个高精度 3D 模型就是他。在此之前，我们做的所有东西都是 2D 模型。我们不确定能否成功，但最终效果很不错，这给我们继续开发《荒野乱斗》带来了信心。"

右下方所示为制作团队试水制作的简单的漫画样例。

155

雪莉本来有一头黑发，但制作团队觉得这个设计过于平淡，于是就把她的头发改成了紫色。可以说游戏中对紫色的大规模运用就是从这里开始的。"《荒野乱斗》的配色明快、饱满。我们很喜欢任天堂早期开发的游戏的配色，所以就在游戏中进行了大规模的运用。"

157

斯派克是受欢迎的游戏角色之一，在韩国玩家的眼里他显得尤为可爱。斯派克最初的设定有些阴暗：他的眼睛是两位牛仔举枪决斗时打出来的弹孔。

设计元素——身体/文身

设计元素——腰带

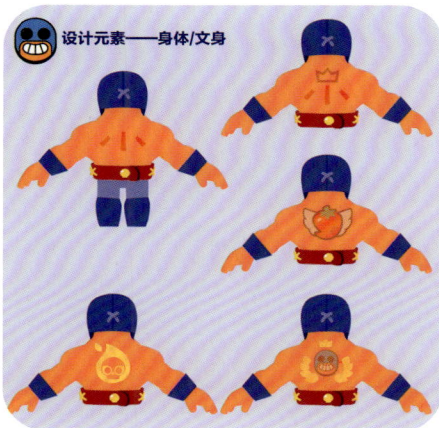

奇特、帅气、霸气、时髦是皮肤创作的准则。

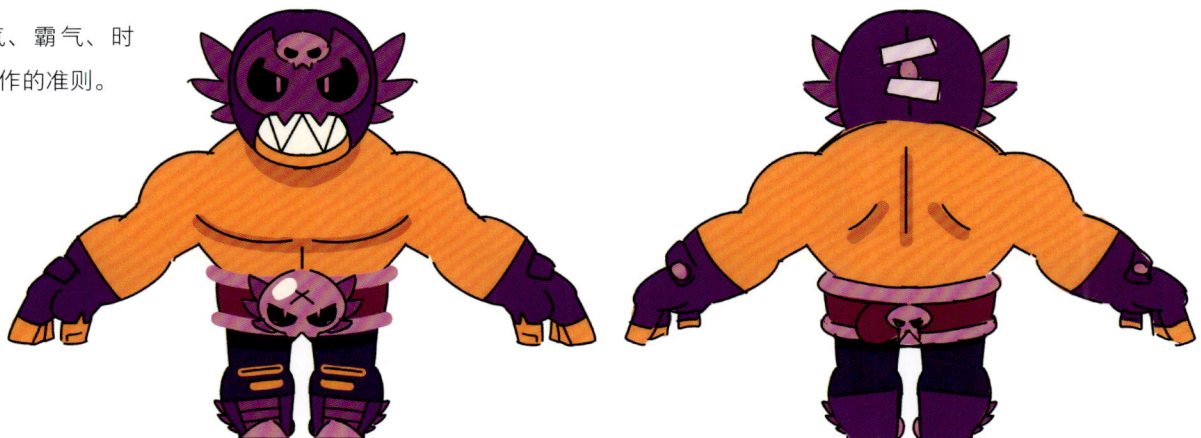

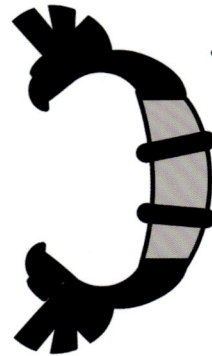
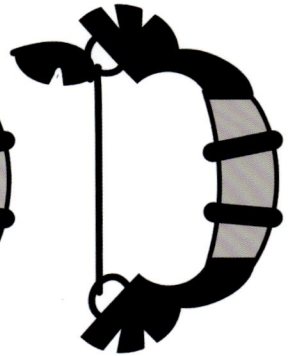

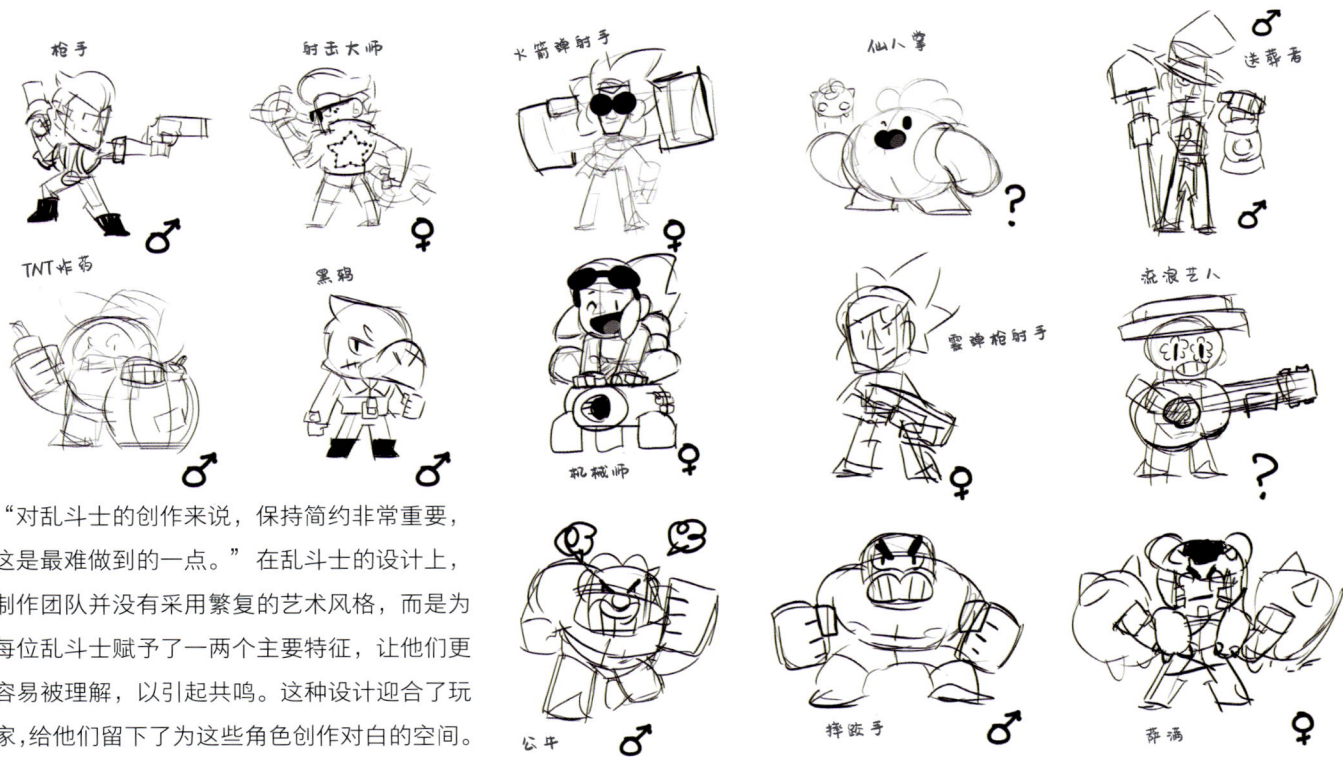

枪手 ♂
射击大师 ♀
火箭炮射手 ♀
机械师 ♀
仙人掌 ?
枪手 送葬者 ♂
TNT炸药 ♂
黑鸦 ♂
雷神枪射手 ♀
流浪艺人 ?

公牛 ♂
摔跤手 ♂
萨满 ♀

"对乱斗士的创作来说，保持简约非常重要，这是最难做到的一点。"在乱斗士的设计上，制作团队并没有采用繁复的艺术风格，而是为每位乱斗士赋予了一两个主要特征，让他们更容易被理解，以引起共鸣。这种设计迎合了玩家，给他们留下了为这些角色创作对白的空间。

162

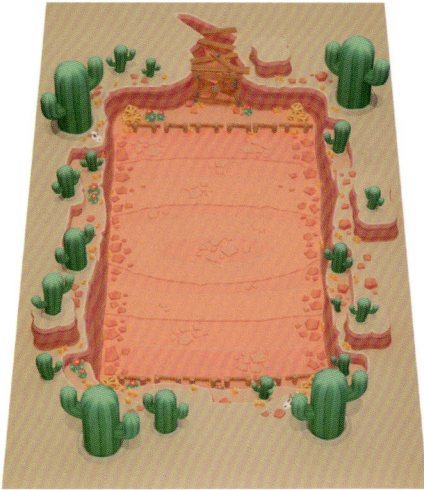

全球乱斗

《荒野乱斗》的故事发生在一个由不同场景组成的异世界中，每个场景中的乱斗士都带有与主题相呼应的特色。

FRONT

SIDE DETAIL?

BACK (GAME VIEW)

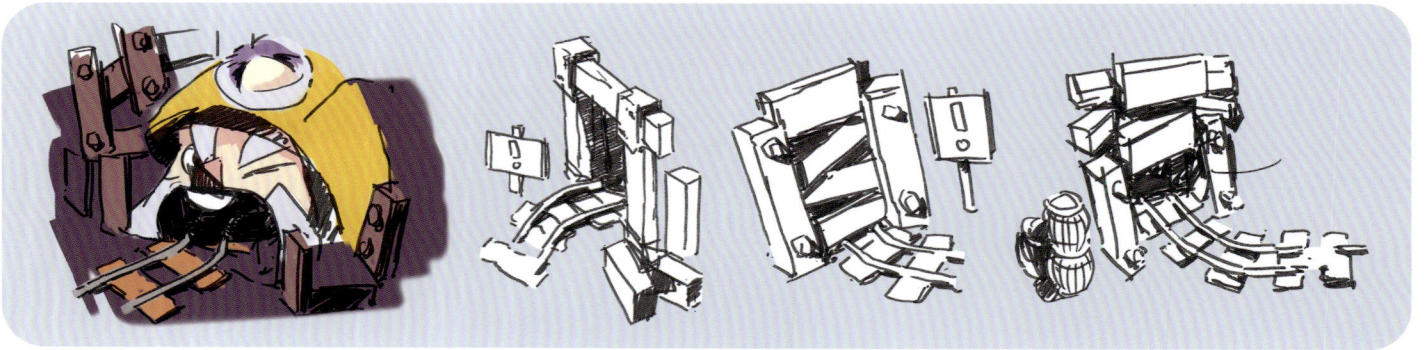

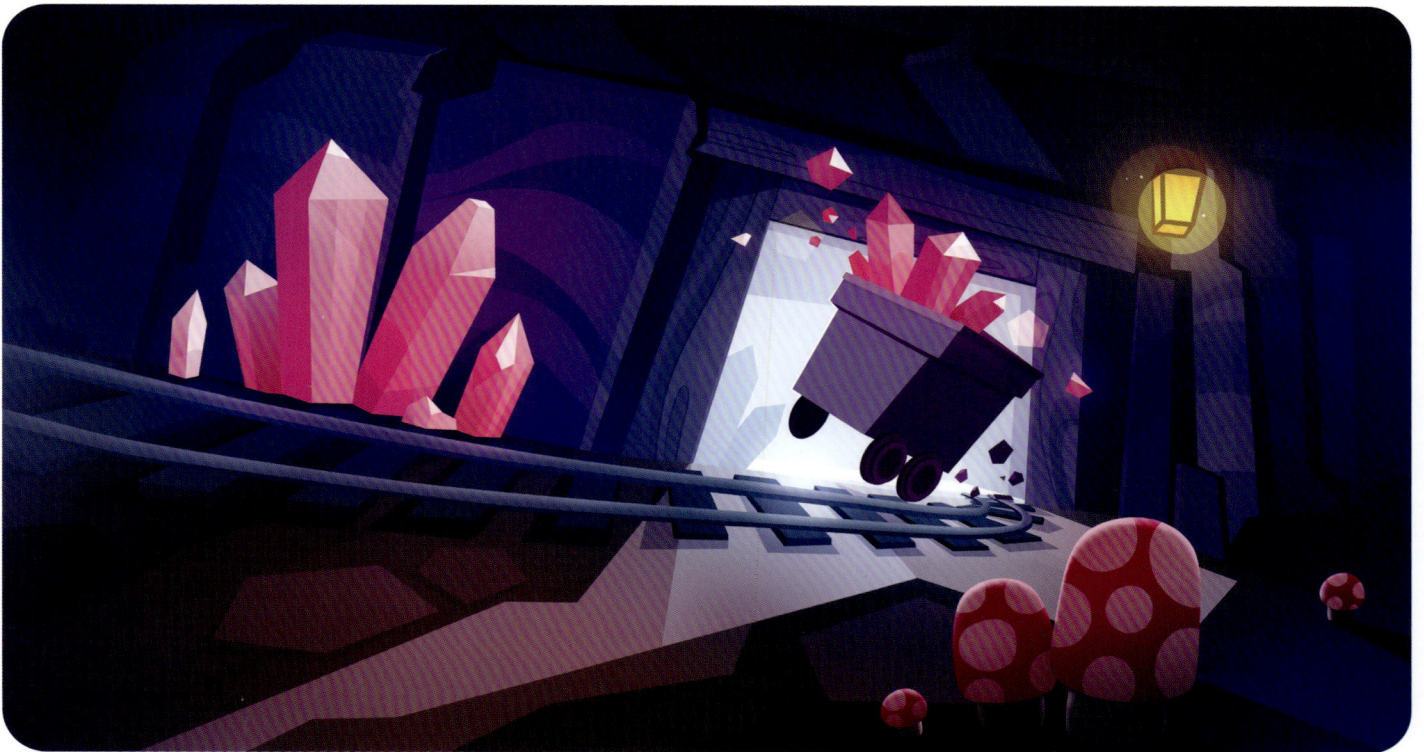

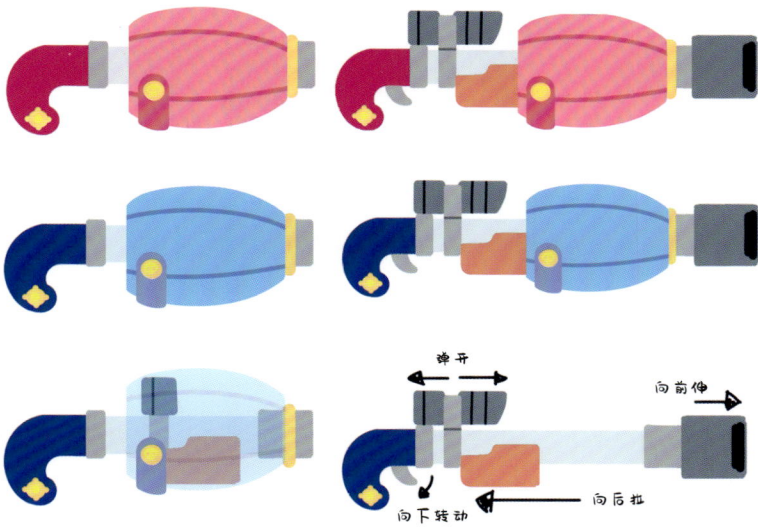
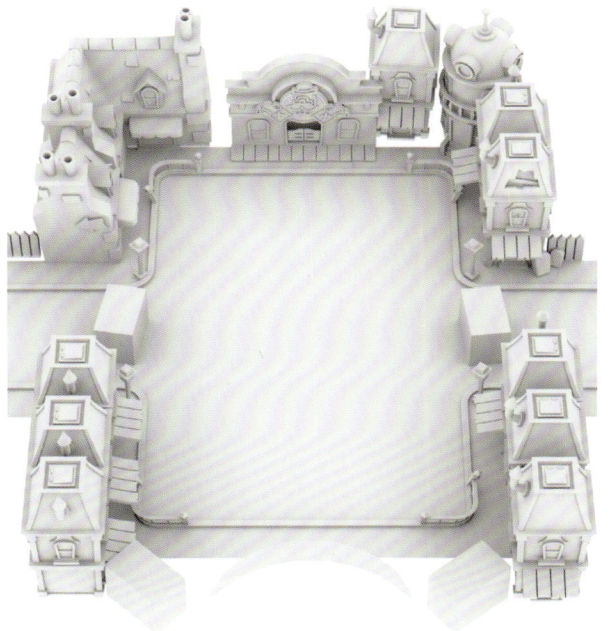

弹开

向前伸

向下转动　　向后拉

莫提斯在 2019 年的乱斗万圣节活动中与玩家见面了。玩家可以在竞技场中找到弗兰肯的 DJ 设备，被 Supercell 终止研发的游戏中可以循环利用的墓碑，以及当时即将登场的新角色艾魅的剪影。

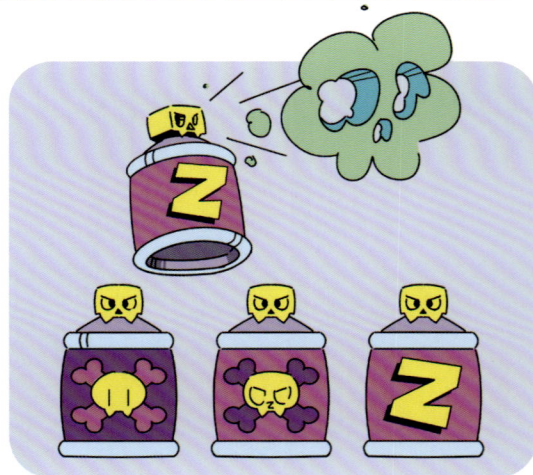

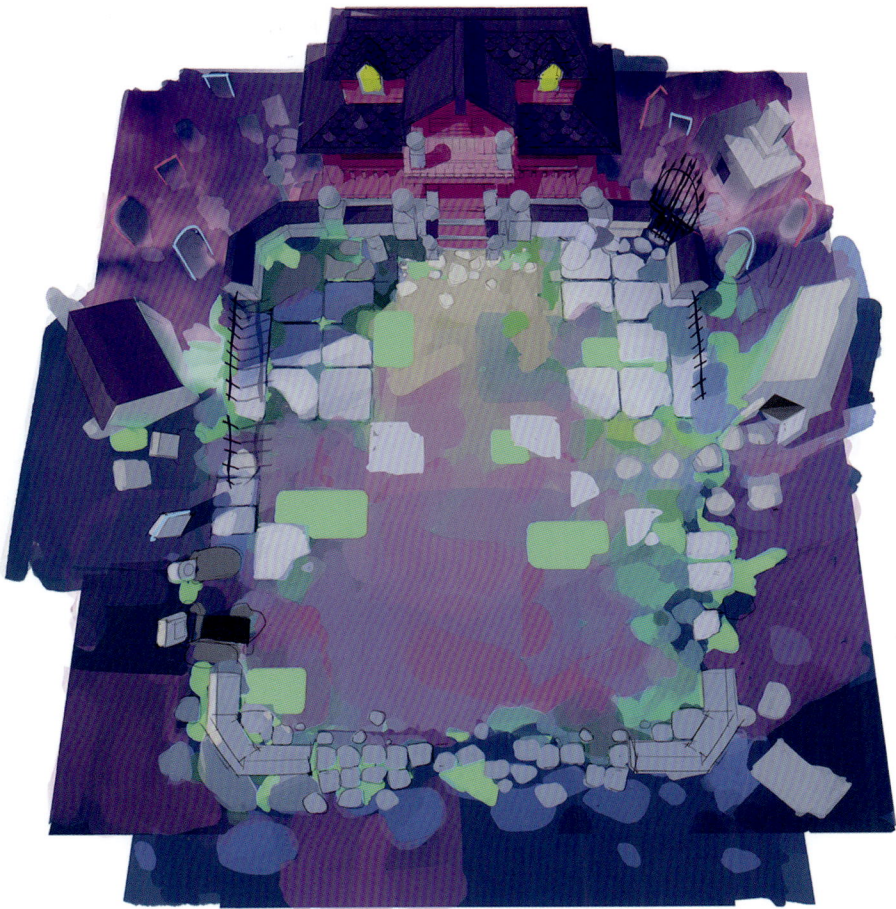

皮夹克、急速飙车、霓虹灯等都是摩登都会的标志性元素。

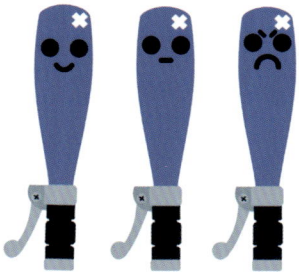

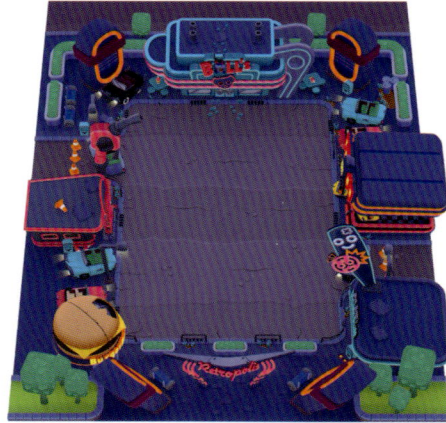

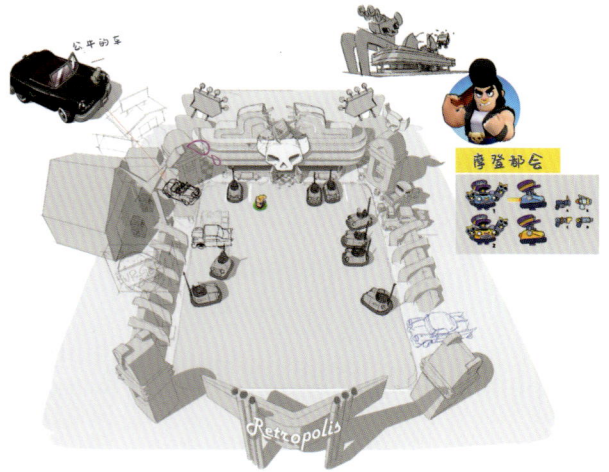

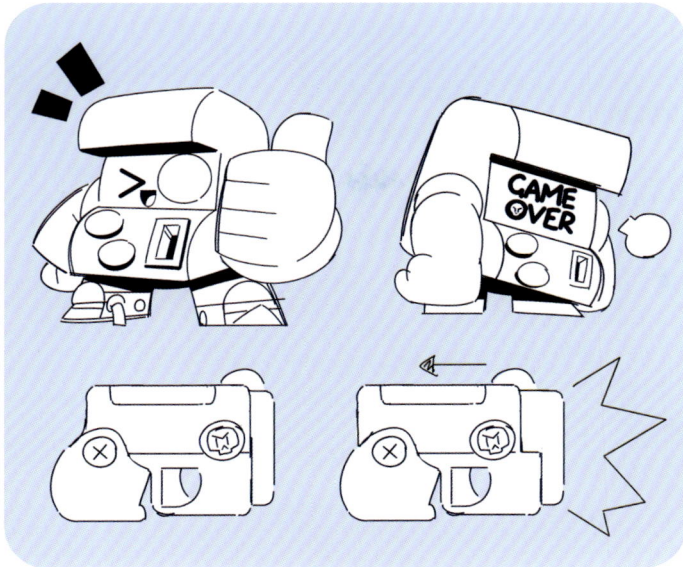

"布洛克和瑞科是我们在探索西部狂野风格时设计出来的，我们依据街机主题对他们的形象进行了调整。"

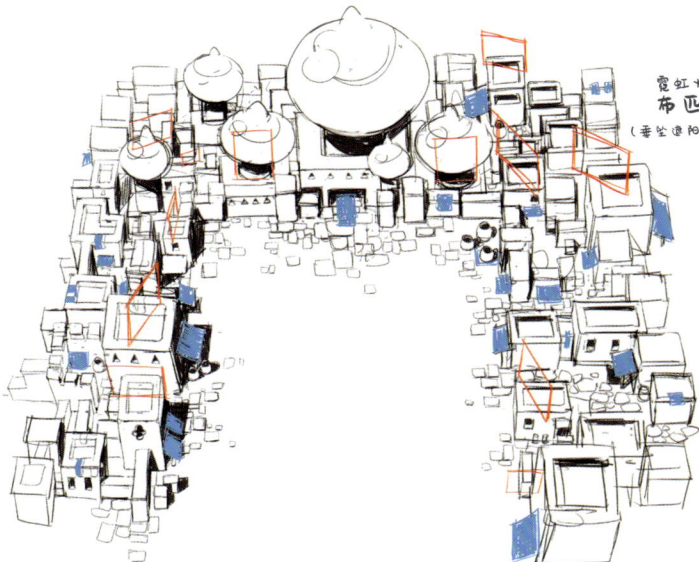

霓虹灯?
布匹?
（垂坠遮阳篷帘子）

塔拉集市

克板场物品

陶器+木箱

...草...?

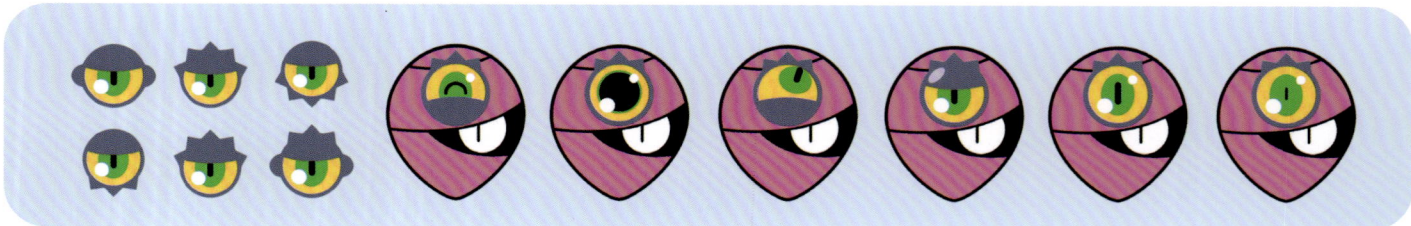

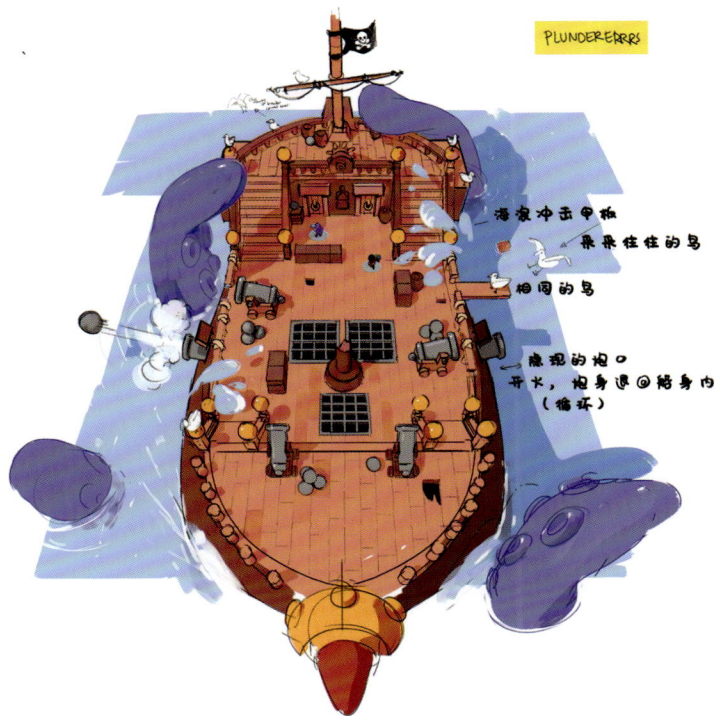

尽管一个角色并非来自某个特定的场景，但他依然可以带有这个场景的风格。例如，吉恩（170 页中部）就有一套海盗风格的皮肤。

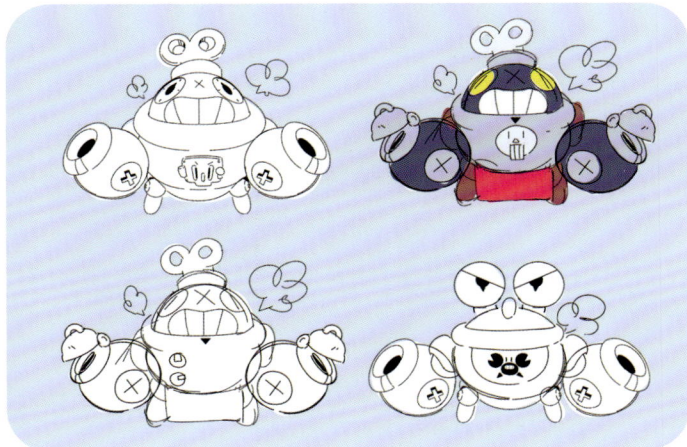

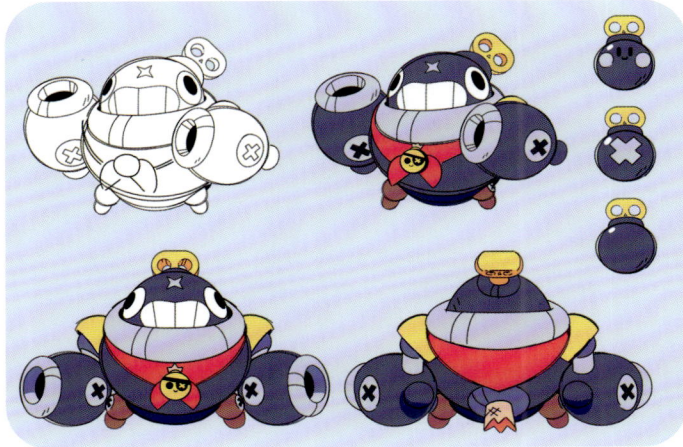

Logo

本页右下角所示为游戏测试版的 Logo。随着游戏改为横板模式，我们对这个 Logo 进行了调整：在保留原有的带有西部风格的星星徽章的同时，添加了一个新的骷髅符号和两支左轮手枪。在全球发布版的 Logo 中，这两支手枪被替换成一双白色的翅膀。

斯派克·樱

"我们当时正在重制角色，而且已经开始根据之前的粉色皮肤设计樱花主题的斯派克了。我们的韩国团队也在围绕相同的主题进行设计，因为玩家实在是太喜欢这个角色了。我们就不假思索地制作了这个角色！斯派克·樱既酷又可爱，长相有点奇怪，很符合斯派克·樱动画短片的故事情节。"

花瓣形状的纽扣

浅蜡粉色调

上衣

运动鞋

Sakura Spike
Blossom Ball

机器人之夏

丰富多彩的活动是《荒野乱斗》的核心特征，制作团队并没有单纯地围绕假日主题进行创作，而是为这些活动加入了一些反转因素。"我们在构思夏日主题活动时想到了机器人。团队里有人设计过一个带有西部风格的钢铁侠柯尔特，我们迅速围绕这个形象创作了一个故事。不知不觉间，机器人之夏的主题皮肤和'机甲大乱斗'动画就做出来了。虽然算不上正统故事，但也是个有趣的衍生故事。"

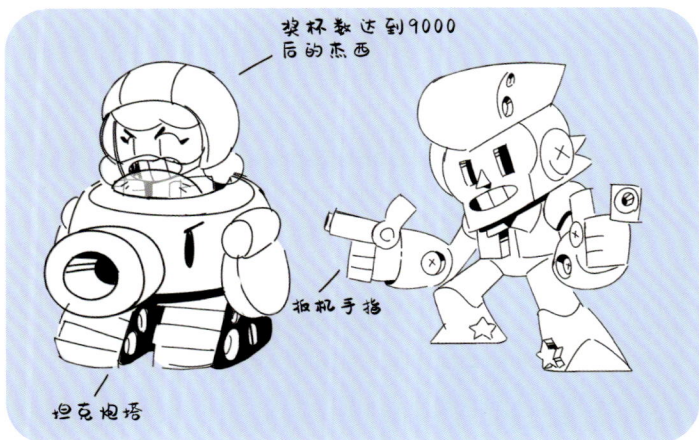

奖杯数达到9000后的杰西

坦克炮塔

扣扳手指

小惊喜

"制作团队喜欢用玩家熟悉的内容制作彩蛋,包括游戏人物之间的关系,以及人物的皮肤等。这是我们丰富《荒野乱斗》世界的方法,比起复杂的背景故事,我们更强调人物之间的互动关系。"

KILLED GAMES

终止研发的游戏

Supercell的游戏开发团队规模都很小，各团队独立制作游戏并对成品负责，同时也有权决定何时继续开发游戏，结束早期开发阶段，推出试玩版本，通过有限次的测试并在全球发布，或者直接终止游戏的开发。

在打造现在5款火遍全球的游戏的过程中，Supercell的游戏团队经历了终止几十个游戏开发的痛苦。虽然终止这些全身心投入制作的项目异常痛苦，但高水平的制作也同样重要。勇敢承认失败并充分总结经验教训是公司持续进步并保持行业地位的必要条件。

在接下来的内容中，您会从我们曾经推出公开测试版却在全球发布前终止的游戏中了解Supercell的美学风格，从我们在2011年推出的第一款游戏*Gunshine.net*，到2019年的*Rush Wars*。

GUNSHINE.NET

Gunshine.net，也就是后来的 *Zombies Online*，是 Supercell 制作的第一款游戏。这是一款大型多人在线角色扮演游戏。该游戏于 2011 年初发布，2012 年 11 月下线前曾在高峰期拥有 50 万月活用户。

该游戏拥有精心制作的背景故事。一切都发生在一个叫 Dawnbreak（意为"破晓"）的人工小岛上，该小岛所处的群岛在一个叫 Labycore 的邪恶的巨型企业控制下。玩家作为抵抗组织 Resistance（意为"抵抗"）中的一员，任务是打击 Labycore 及其同伙。

SPOOKY POP

2014 年，*Spooky Pop* 的测试版发布，该游戏同时引入了新的解谜机制。制作团队在尝试了多个主题后最终敲定主题为抓鬼——鬼魂通过次元大门涌进了当地的学校里，一群高中生不得不担负起拯救一切的重任。

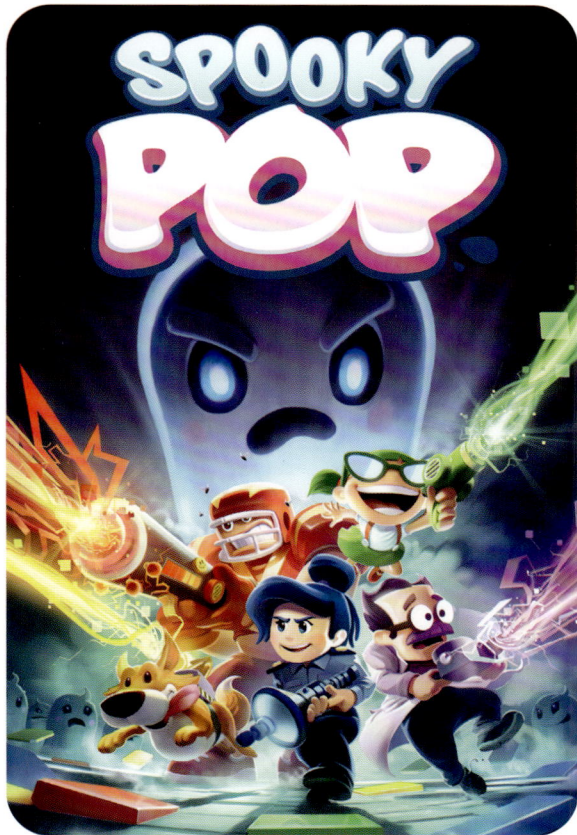

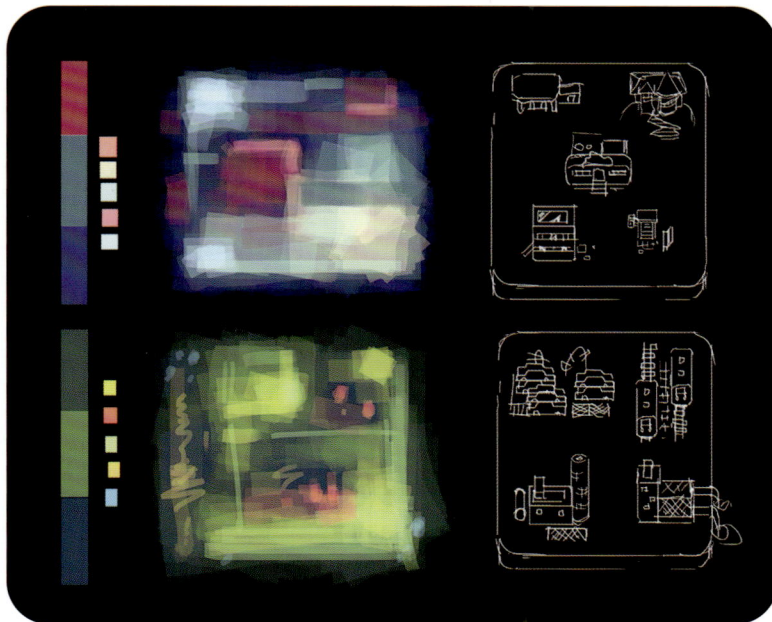

玩家需要在回合结束前消除尽可能多的方块，以此来打败一波又一波涌来的鬼魂，让玩家控制的英雄存活下来。"我们把一堆各式各样、看似不可能的角色组合在一起，并从不同的高中校园场景中汲取灵感。这些角色包括门卫、科学课老师、身着有氧运动装的嬉皮士年轻人、书呆子、足球运动员、啦啦队员等。"其中的部分角色成为游戏首发版中的 5 名角色，最后还加入了一只小狗。

SMASH LAND

Smash Land 的测试版于 2015 年 3 月发布。玩家需要驱赶游戏中的英雄穿过游戏界面，以打败对面的蜜蜂、蜘蛛和其他敌人。

轻松、多彩的 *Smash Land* 本质上是对典型的游戏场景和人物设计的挑战，在这个游戏世界中，一切皆有可能。

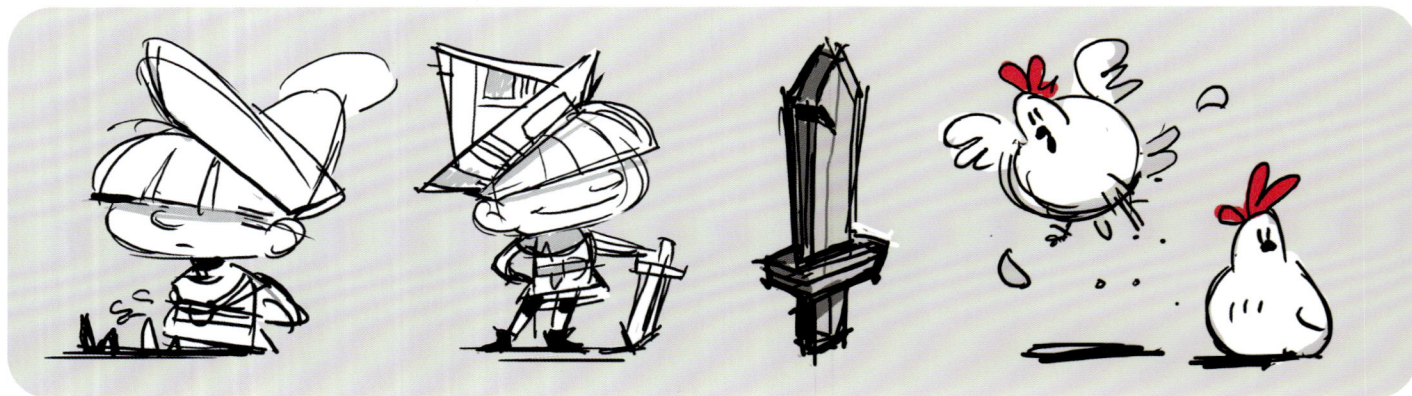

从游戏风格上看，*Smash Land* 的世界与《部落冲突》相比更偏向趣味性，没有那么重的幻想故事风格。玩家可以在游戏中找到以下所有经典元素：冒险森林、荒芜的小岛、妖怪、海盗、神话故事。

RUSH WARS

2019 年，*Rush Wars* 发布测试版。*Rush Wars* 是一款
快节奏的策略游戏，玩家需要组建一支富有个性的战斗
小队，以对抗对手的大本营。游戏早期开发阶段以
军事风格为核心，制作团队的成员从自身参与过的
游戏项目中汲取灵感。制作团队想创作出一个与《海
岛奇兵》不同的游戏世界。在尝试了更笨拙的元素、
玩具质感、20 世纪 80 年代的风格后，制作
团队正式投入游戏的开发中，并形成了最
终的艺术风格。

制作团队从他们心爱的流行文化、电影和电子游戏中挖掘灵感。最终，游戏采用了20世纪80年代和90年代早期的风格，为个性鲜明的角色提供了空间。

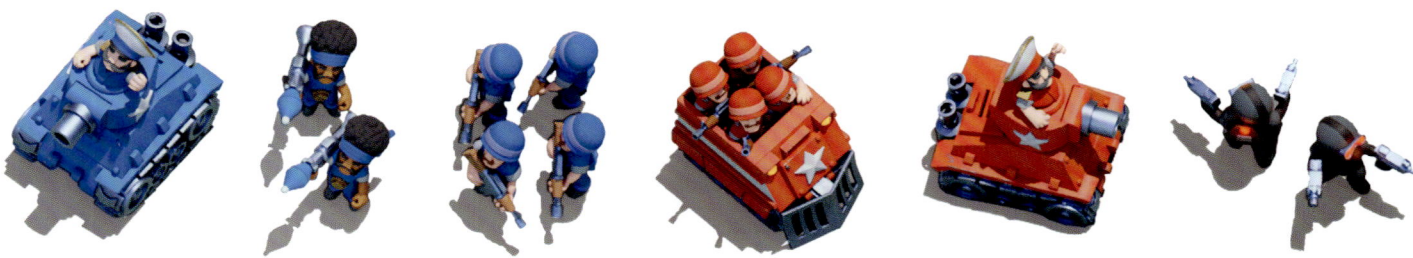

ROCKET

火箭兵

SHIELD

护盾兵

RIFLEMAN

步枪兵

???

指挥官

海军将领　　　　狡猾的骷髅头　　街头打手　　王牌特工　　　　…精灵？

大师

机器人　　　　　　　　　　　　　　摩托党

水手

香蕉船长

飞行员

棒球手？　　　　　　　　　　　　　　　　僧侣

指挥官（+能力）

好战指挥官　　　　邪恶的天才指挥官　　职业摔跤手　　※"从绳顶下滑"
※所有单位　　　　※原子弹能力　　　　指挥官　　　　（巨拳召唤）
愤怒能力

变身大叔？　　　　　　　　　　　　　　　　　　　牛仔女指挥官？
※谜样男子…　　　　　　　　　　　　　　　　　　※召唤乌群
　　　　　　　　　　　　　　　　　　　　　　　　（狂奔的乌群）

指挥官角色设计在早
期探索阶段的草图。　　　　　　机器人特工？
　　　　　　　　　　　　　　　※外太空射线能力

191

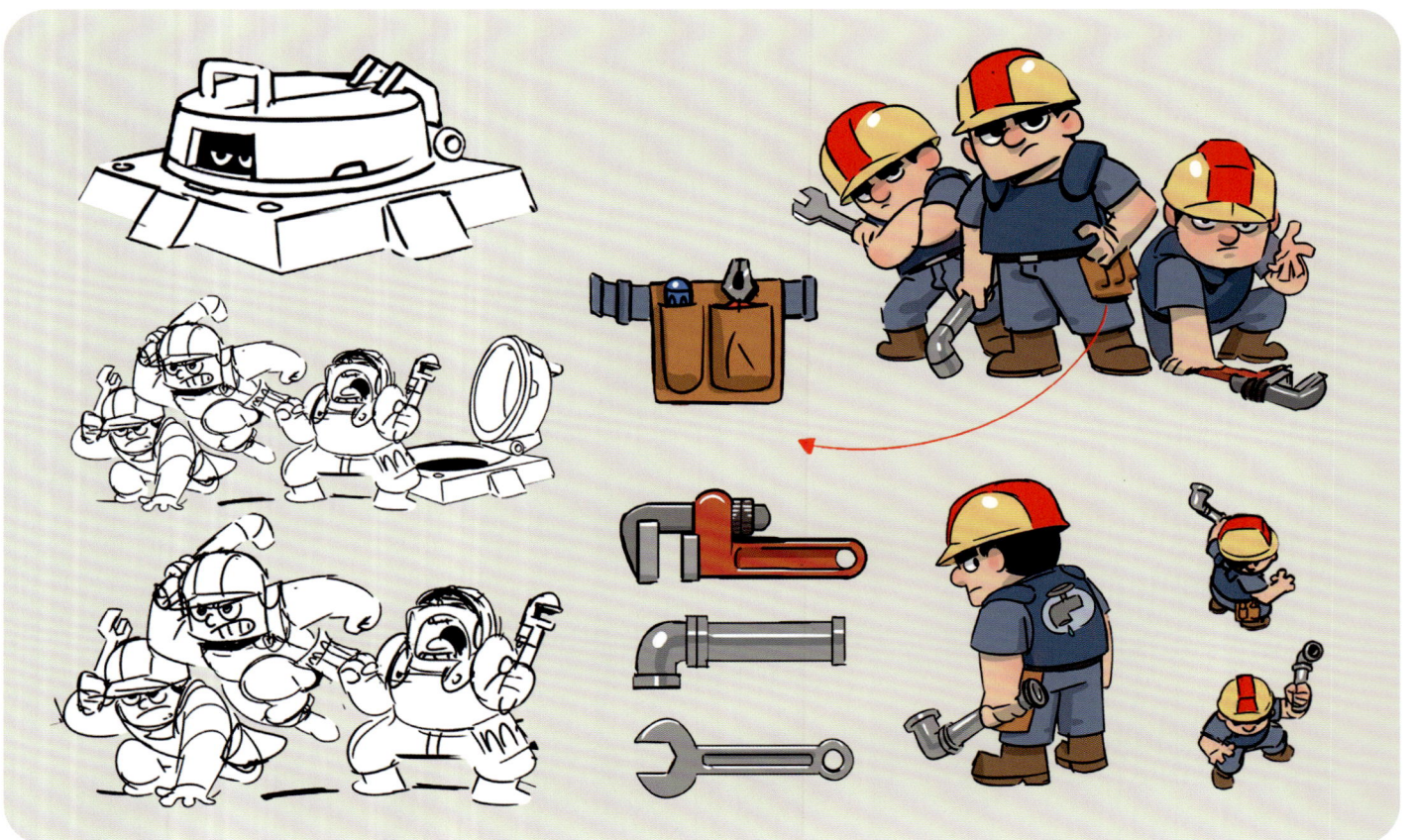

鲍里斯

格雷格

雷克斯

巴里

斯坦

贾克斯

Hotshot（意为"高手"）是一位自恋的芳心杀手。原始草图显示他是一位视糖如命的胖男人。

Sneaky Ninja（意为"狡點忍者"）早期概念图。

B.I.G. 和 Bearman（"熊人"）位列 5 位指挥官中。

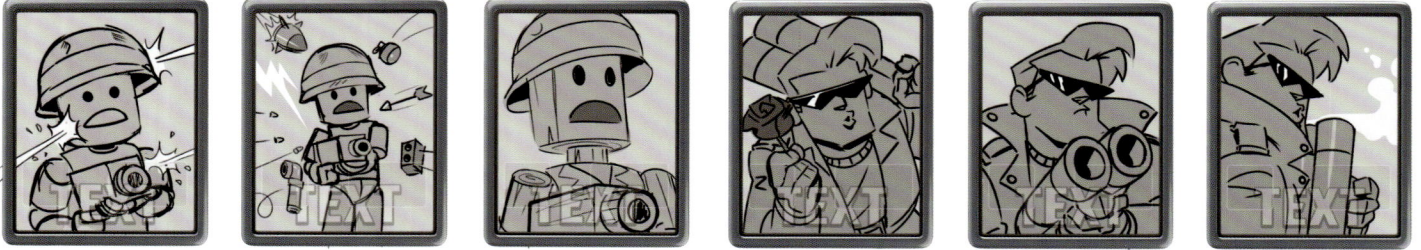

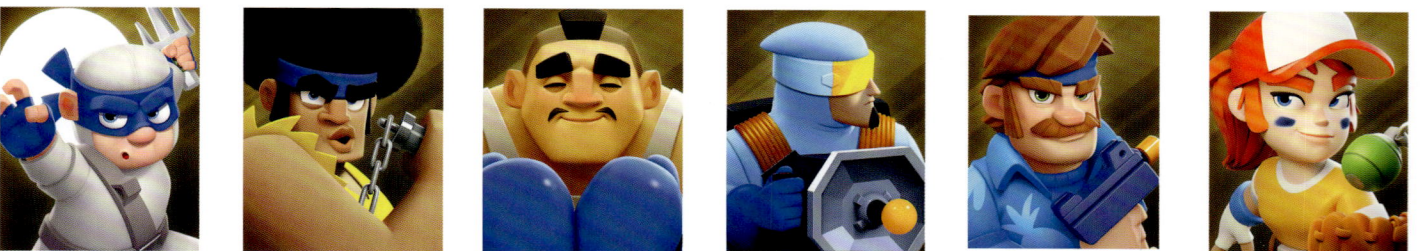

行星盒子概念图。

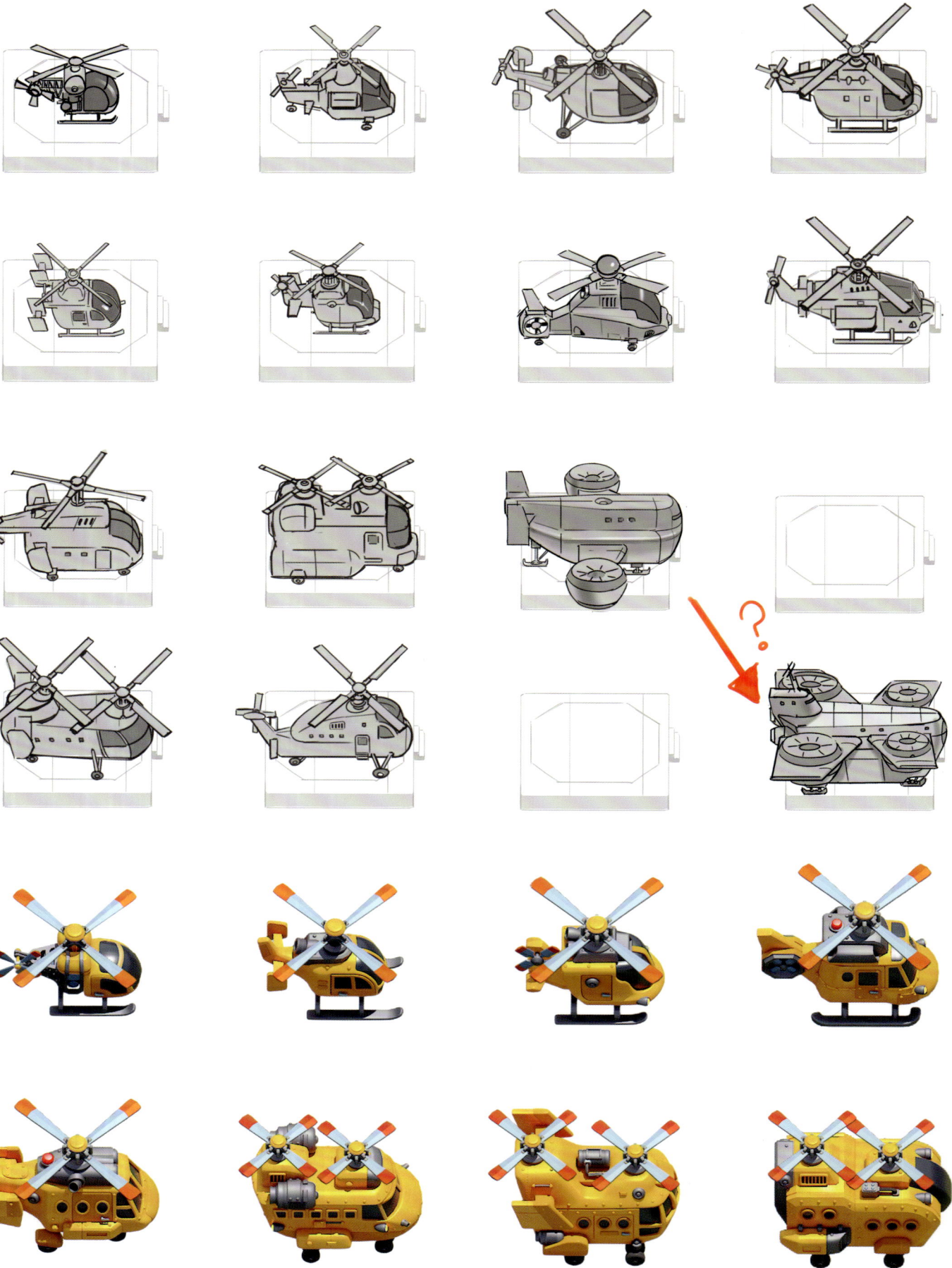

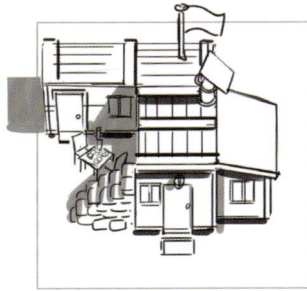

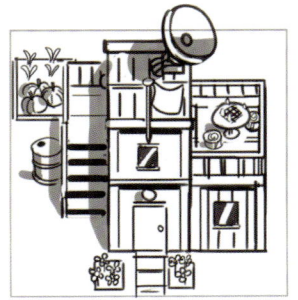

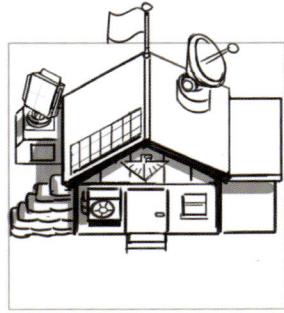

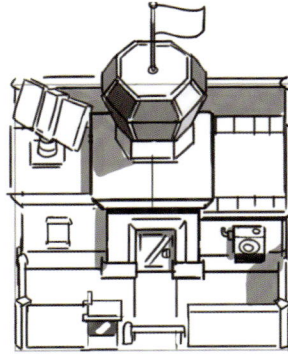

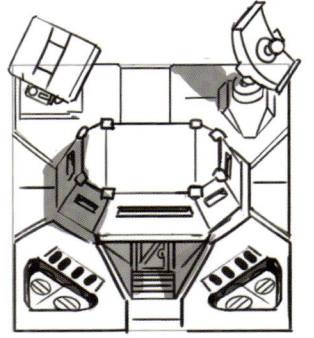

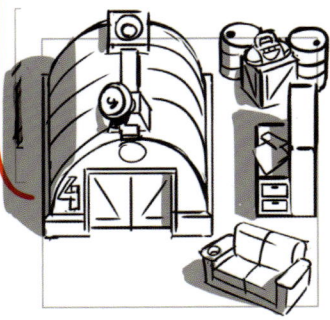

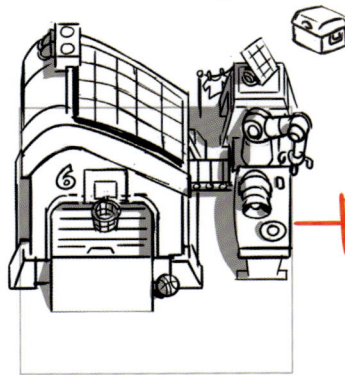

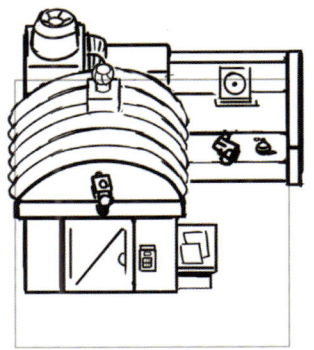

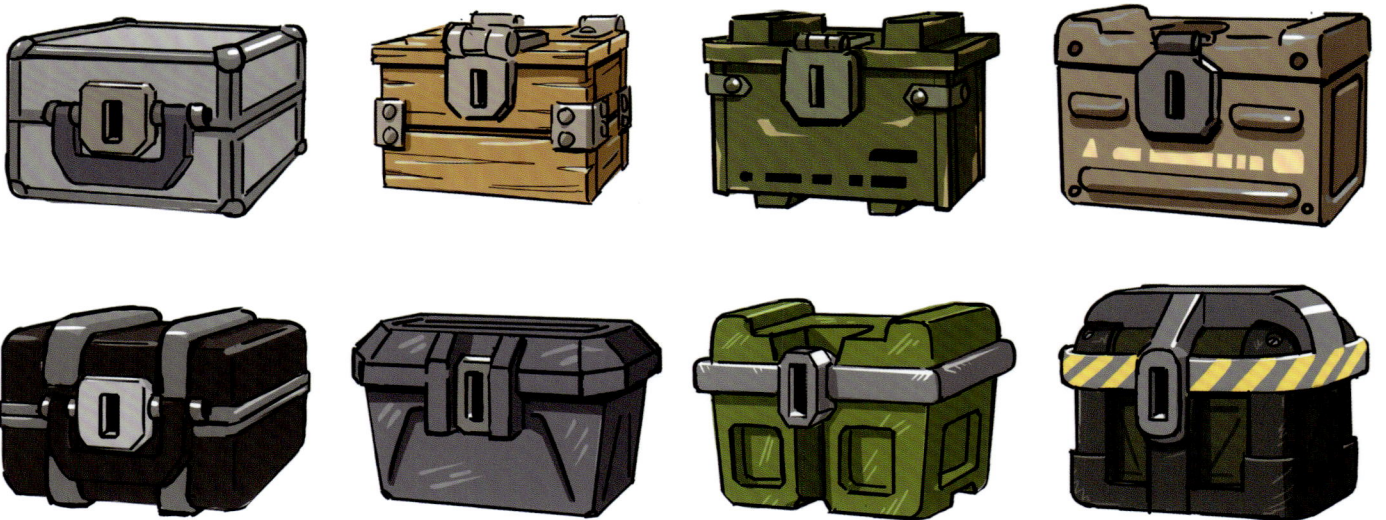

204

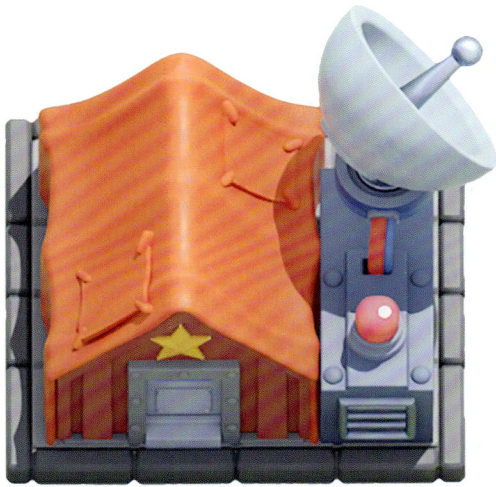
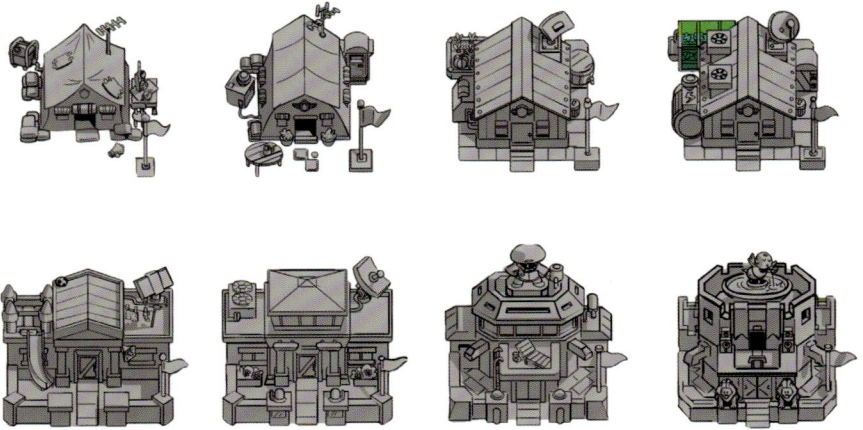

军用盒子

空投盒子

军用盒子

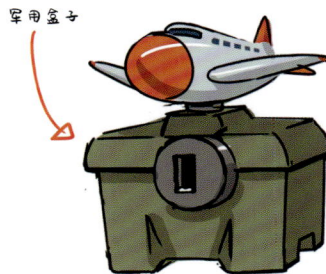

街机（一种置于公共娱乐场所的经营性专用游戏机）

熊人登场

骑兵

拳击手

大猩猩

B.I.G.

教练

SUP
ERC
ELL